产品经营预警与销售资源包

张甲华——著

清华大学出版社

北京

内 容 简 介

  随着新媒体和数字化信息技术在企业营销过程中的应用，如何精准挖掘产品运行规律并强化产品经营预警，降低经营风险，越来越受到企业高层重视。本书帮助产品经理利用大数据挖掘产品销售规律，设计产品发展路径，及时监控纠偏，保证产品按照预定"轨道"成长；同时介绍如何利用 $APPEALS 模型和 FFAB 模型，挖掘产品竞争优势和卖点，提炼销售资源，为一线销售人员提供销售"炮弹"，提高销售成功率，实现产品"卖好"。本书将帮助产品经理提升企业预测水平，提升经营管理能力。

图书在版编目(CIP)数据

产品经营预警与销售资源包 / 张甲华著 . —北京：清华大学出版社，2023.9
ISBN 978-7-302-64399-9

Ⅰ . ①产⋯　Ⅱ . ①张⋯　Ⅲ . ①销售管理　Ⅳ . ① F713.3

中国国家版本馆 CIP 数据核字 (2023) 第 147485 号

责任编辑：陈　莉
封面设计：周晓亮
版式设计：方加青
责任校对：成凤进
责任印制：丛怀宇

出版发行： 清华大学出版社
   网   址：http：//www.tup.com.cn，http：//www.wqbook.com
   地   址：北京清华大学学研大厦 A 座   邮 编：100084
   社 总 机：010-83470000   邮 购：010-62786544
   投稿与读者服务：010-62776969，c-service@tup.tsinghua.edu.cn
   质 量 反 馈：010-62772015，zhiliang@tup.tsinghua.edu.cn
印 装 者： 三河市东方印刷有限公司
经 销： 全国新华书店
开 本： 170mm×240mm **印 张：** 11 **字 数：** 190 千字
版 次： 2023 年 9 月第 1 版 **印 次：** 2023 年 9 月第 1 次印刷
定 价： 59.80 元

产品编号：099854-01

前　言

一个企业为什么要重视"产品经营"呢？从创业 15 年、管理咨询 18 年的经历中，我认识到：企业经营从内容上可以分为对"人"的经营（员工和客户）和对"产品"的经营，经营企业的实质是产品经营或者说是产品规划。

现在不管是企业界还是学术界，大家更多地关注对"人"的经营而长期弱化了对"产品"的经营。经营"人"方面有很多的学术理论和著作，员工经营方面有管理学、组织学、成功学等，客户经营方面有广告学、营销学等，而系统化的"产品"经营方面的相关理论和著作较少。

有人说："公司的失败，本质都是产品经营的失败。"产品经营的好坏直接关乎公司兴衰。因为产品不仅是企业创造利润的媒介，更是一个有生命的、有灵魂的、有基因的"个体"。我认为产品具有以下四大特点。

(1) 产品就像一个孩子，是有潜质和生命力的，不同产品的潜质和生命力不同。产品的潜质和生命力需要我们去验证，规划不同的发展路径帮助其成长。这需要挖掘并宣传产品的特点与潜质，否则客户是不了解产品的。

(2) 产品的成长是有规律的。不同成长阶段（导入期、成长期、成熟期、衰退期）的产品，其特征不同。正确评估产品所处的成长阶段并对应施策，才能正确认知和实现产品的最大效用，否则浪费资源却达不到预期的效果（错误认知产品可能阻碍产品的成长，导致好产品得不到快速成长）。另一方面，产品的合理结构、集团化协同作战和产品梯队化发展是企业高质量发展的基础。所以，要正确评估和认知企业的产品结构，并制定正确发展策略，这是企业高质量发展的必由之路。

(3) 产品的生命力是相对的，与竞争对手相关。竞争的本质在于产品的差异化，无差异化只能靠价格竞争。高层次的产品差异化是产品精神、产品灵魂的差异化。所以，正确评估和认知产品所处的市场竞争激烈程度、自己产品的竞争力并科学施策，才能提升产品的竞争力和生命力，从而促使产品良性成长，进而企业才能实现科学发展。

(4) 处理好产品与"兄弟姐妹"的关系，包括竞争关系和互补关系。正确认识产品之间的关系，科学设置产品组合。如果是互补关系则要科学利用，使其形成合理组合，形成集团化作战，提升产品组合的竞争力和生命力；如果是竞争关系，就要根据企业现状，制定科学合理的产品"区隔"策略，避免自己的产品之间形成竞争，相互消耗，降低企业的竞争力。

本人结合多年咨询经验和对产品经营的研究，归纳梳理并编写了产品经营系列图书：《定位—产品—体验：基于新商业逻辑打造有生命力的产品》《产品战略规划》和《产品经营预警与销售资源包》。这三本书覆盖了产品"出生前""出生后"和"未来运营"三个阶段，其内容形成了产品经营的"三部曲"，分别解决打造极致产品、产品战略规划和产品经营预警三个问题。

1. 打造极致产品

打造极致产品，是指在产品"出生前"，基于产品价值理论，打造高潜质和强生命力的新产品。产品经营的第一个问题是如何能打造出极致产品。好产品是企业发展的基石，现在的转型升级或消费升级，本质是产品升级。只有不断打造出"好卖"的产品，才能实现产品线、产品系列和产品型号的发展，实现"造血"功能，支持公司持续的高质量发展。

《定位—产品—体验：基于新商业逻辑打造有生命力的产品》这本书，提出了"新商业逻辑"和"产品价值模型"理论，构建如何才能打造出极致产品的逻辑方法论，赋予产品独特灵魂，提升产品竞争力，实现产品"好卖"。

2. 产品战略规划

产品战略规划，是指产品"出生"后，在市场中成长，历练多时，依据"赛马不相马"的原则，系统评估产品成长性，规划产品未来的发展定位、路径、策略和目标，解决企业快速且良性增长问题。《产品战略规划》这本书主要研究以下几个方面。

(1) 产品当前所处的成长阶段 (所处的市场环境和自己的竞争地位)，通过企业产品的成长地图，规划产品线和产品组合，帮助企业各产品部门从各自为战走向"集团军"协同作战。

(2) 评估产品线及产品的成长状态，分析产品结构；基于产品成长性和竞争力，挖掘企业的最佳"增长极"(产品、区域和渠道三个维度) 和增长策略，实现销售高速增长。

(3) 探究市场机会点，规划新产品研发方向，优化产品结构和梯次发展，实现高质量持续发展。

以上的研究成果，赋予企业科学合理的发展定位及发展策略，助推企业实现"最佳"成长。就像乔布斯的产品规划一样，让公司上下形成一致的产品发展方向共识，以"721原则"[①] 集中资源投入，形成"聚焦、重点突破和布局"三层科学合理的、梯队化发展的产品成长结构，把控企业发展节奏，让企业持续性、快速、高质量发展。

3. 产品经营预警

产品经营预警，是指产品战略规划完成后，为了保证产品战略规划策略落地并实现预期目标，在产品战略的执行过程中采用的经营预警体系。

《产品经营预警与销售资源包》这本书解决如何归纳并利用产品的运营规律设计产品发展路径，及时监控纠偏，保证产品始终按照预定的"轨道"成长；同时，阐述如何挖掘产品优势和卖点，实现产品"卖好"。

---

① 　"721原则"就是通过产品战略分析模型，把产品分为4类，找出高成长性的产品、区域和渠道后，分别赋予其不同的发展定位和策略，分为7聚焦、2重点突破和1布局。

产品经营预警就像火箭飞行过程中的预警和时刻调整一样，在营销过程中时刻监控、分析、预测并提前预知目标完成度，及时发现产品偏离状态、挖掘原因并调整策略，保证产品的良好成长和目标实现，防止到年底才发现完不成目标，此时想调整补救却为时已晚。

产品要卖得好，需要向销售一线的前沿阵地输送急需的"炮弹"，武器精良才能战无不胜。本书的"销售资源包"的内容包含销售常见问题、销售成功案例、产品销售指导书、商业模式设计、销售"一指禅"、产品交流PPT、产品宣传视频7种销售素材，给一线销售人员配备精良的"销售资源包"，能够直接提升产品销售力。

张甲华

2023年3月18日

目　　录

第1篇　产品经营预警管理

第 1 章　产品经营预警　002

1.1　产品经营预警的现状　002

1.2　产品经营预警概述　004

1.3　产品经营预警管理的流程、要点和优点　007

第 2 章　产品销售规律　010

2.1　产品生命周期理论　010

2.2　产品销售周期规律　018

2.3　区域产品销量　023

第 3 章　产品销售预测方法　032

3.1　基于时间序列的预测　032

3.2　基于因果关系的预测　046

3.3　基于业务逻辑的预测　050

第 4 章　产品销售目标规划　053

4.1　制定年度销售目标的常见问题　054

4.2　销售目标制定思路　055

4.3　基于 W 流程制定销售目标　057

4.4　产品发展轨道设计　062

第 5 章　产品经营预警体系　065

5.1　产品经营预警的好处　065

5.2　产品经营预警内容及框架　066

5.3　搭建产品经营预警二级体系　070

第 6 章　产品经营预警监控　073

6.1　产品经营预警监控分析　073

6.2　公司级产品经营预警监控　075

6.3　区域级产品经营预警监控　082

第 7 章　预警问题分析与纠偏方案　085

7.1　产品经营预警分析策略　085

7.2　预警问题分析方法　088

7.3　纠偏方案　097

第2篇　销售资源包建设

第 8 章　销售资源包　100

8.1　销售面临问题及解决思路　100

8.2　销售三角法则　102

8.3　销售资源包及其优点　104

第 9 章　客户需求 $APPEALS 模型及其应用　108

9.1　客户需求 $APPEALS 模型　108

9.2　客户需求 $APPEALS 模型使用方法　111

9.3　客户需求 $APPEALS 模型应用　114

第 10 章　FFAB 模型及其应用　127

10.1　FFAB 模型内涵　127

10.2　基于 FFAB 模型挖掘产品卖点　130

10.3　FFAB 模型的应用　133

第 11 章　销售资源包内容构建　138

11.1　常见销售问题　138

11.2　销售成功案例　142

11.3　产品销售指导书　144

11.4　产品商业模式设计　145

11.5　产品销售"一指禅"　147

11.6　产品交流 PPT　149

11.7　产品宣传视频　150

参考文献　153

附录：产品销售指导书范例　154

第1篇

产品经营预警管理

产品经营预警就是监控、修正并保证产品在预定"轨道"上运行！

第 1 章

产品经营预警

* * * * *

火箭升空的过程中，只有极少的时间在预定的轨道中飞行，其余大部分时间都在不断调整飞行轨迹。对于火箭而言，受大气、结构设计、发动机等因素的干扰，其在飞行中很难做到完全按照预定的轨迹飞行，这就需要迭代制导系统的帮助。在火箭点火约 350 秒后，迭代制导系统发挥作用，让火箭在飞行的过程中实时做出修正，确保把火箭精确送入预定轨道。

同理，一个企业的产品经营与火箭飞行一样 (如图 1-1)。现实中，一个企业的产品经营往往到了年底才发现距离年初的目标相差很远，但为时已晚。这是因为没有建立像火箭一样的修正系统——产品经营预警系统。产品经营预警系统就是通过研究和运用产品运行规律，设计产品的成长"轨道"，在营销过程中时刻监控、分析、预测并提前做出调整，保证产品的良好成长，助力企业高质量、快速发展。

图 1-1　火箭升空示意图

1.1　产品经营预警的现状

公司的经营分析会比较多，但大多重视企业运营的实际完成情况、销售状况、市场竞争对手等分析而弱化产品经营预警管理。

"经营分析"，指的是对公司经营情况进行分析。公司经营得好坏，是管理层最关心的事，因此经营分析的服务对象，经常是老板/部门总监/经理层。在很多大公司，每个月会有定期的经营分析会议，与会者大部分是各部门领导，会议上也会讨论下一步的经营计划。

企业产品经营预警的现状和常见问题如下。

1. 企业经营分析不科学，没有产品经营预警管理

现在，产品越来越丰富，市场竞争越来越激烈，但多数企业的创新程度不够，处于被动应对的状态。面对新的问题，经营者的研究方法和深度不够，制定出来的新策略不够完善。伴随着数据分析技术的发展，越来越多的企业开始重视企业的经营分析，也取得了一定成效。一些企业管理者直接将很多成功的经营分析制度和方法搬到自己的企业管理模式中，这种看似省事省成本的做法却忽略了本企业所处的行业特性和自己的实际情况，不能解决自己企业的实际困难，无法助推业绩增长。大多数企业的产品经营分析，只是对产品销售量和竞争对手现状的分析，没有产品经营预警管理。

2. 产品发展目标的路径不够清晰

当前的很多企业，过多注重眼前的产品销售量，缺乏产品的市场潜力和产品竞争力的系统评估，也没有根据产品发展定位原则进行产品战略规划，产品的发展目标大多是年初根据感觉和经验，拍脑袋定的产品销售目标，甚至有些企业没有根据产品的发展阶段制定产品的发展目标。

所以，产品发展目标的路径没有或者不够清晰，产品的销售经营分析大多是事后分析，根据当前的竞争对手策略做一些被动应对。产品未来发展路径和经营预警也就无从谈起了。

3. 有产品经营分析，没有产品经营预警

有些企业制定了宏伟的产品战略目标，但是，却没有考虑到产品的现状和潜力，没有根据产品的生命周期阶段明确科学的发展定位，也没有投入匹配的资源。因此，企业要根据产品的成长潜力和竞争能力，明确相应的发展定位，投入匹配的资源，结合产品生命周期的不同发展阶段和运行规律，设计发展轨道和路径节

点，时刻监控运营状态，分析偏离原因并及时修正，保证产品良性发展，这样才能提高企业的竞争力。企业不能只是考虑眼前的发展状态和利益，就盲目地决定产品的发展方向和策略。

1.2　产品经营预警概述

产品经营预警是指根据本公司的产品销售规律与产品战略规划设计的产品发展轨道和路径节点，时刻监控产品的运行情况，对偏离发展轨道与路径节点的产品进行分析，及时提出修正方案，保证产品良性发展，实现公司发展目标。

1.2.1　为什么要做产品经营预警

1. 客户需求的变化会影响产品的运营状况

客户的需求是不断变化的，销售人员往往只能被动地响应，疲于奔命，往往会忽略一件重要的事情——洞悉客户的真实需求。

深度挖掘客户的真实底层需求，并帮助客户搞明白他自己的真实想法，企业应该根据需求变化分优先级，适当地调整产品定位和销售策略，甚至可以调整产品规划目标和发展路径。

2. 竞争对手的新产品和产品策略会影响本企业的发展

企业在某一个市场开展营销时会受到竞争对手的影响与阻碍，这些竞争对手与企业共同争夺同一客户。竞争对手可以不断地创新，研发新产品，提高市场上产品的丰富度，促进产品的更新换代。在市场经济背景下，任何企业在目标市场进行营销活动时，不可避免地会遇到竞争对手的挑战。

竞争对手的状况将直接影响企业的营销活动。如竞争对手的营销策略及营销活动的变化就会直接影响企业的营销活动，最为明显的是竞争对手的产品价格、广告宣传、促销手段的变化，以及产品的开发、销售服务的加强都将直接对企业造成威胁，甚至严重影响本公司的产品销售和产品发展轨迹。

由于竞争对手的存在，企业可以经常识别和确认竞争对手，对竞争对手的实力进行有效的评估，从而对本企业的产品规划和营销策略做出相应调整，维持企业的竞争优势。

3. 产品营销人员的素质和能力会影响产品的营销状况

产品的营销状况与营销人员的素质和能力息息相关，特别是大区销售经理的产品规划能力更加关系到产品销售业绩。根据客户需求变化和竞争对手的销售策略及时调整和修正自己的产品宣传策略、产品销售策略和资源投入方案，保证产品战略规划的顺利实施至关重要。

能够建立一支有"亮剑"精神的销售团队与一套好的工作方案是产品战略规划正确实施的关键。所以，在产品经营预警管理中，对于大幅偏离产品战略规划"轨道"的销售区域，重点评估销售团队，特别是评估销售区域总监的销售执行能力是产品经营预警分析的重要一环。

4. 产品的资源组合投入效果影响产品经营状况

产品的销售会受到竞争对手的销售策略和产品优劣势的影响，本企业的产品之间也会存在竞争关系和互补关系，这就涉及怎么设计产品组合，既要防止自己的产品互相竞争，也要利用产品的互补性，这些都会影响产品的发展和销售业绩的完成。另外，根据区域消费特点，合理搭配销售人员、广告宣传、销售策略等资源投入也会影响产品战略目标的实现。

因此，产品经营需要时刻监控，进行预警分析，发现产品经营脱离预定"轨道"，就要及时分析原因，并及时调整策略，防止产品经营长期脱离轨道，浪费良好的发展机会。

5. 产品发展路径规划和发展目标出现失误时需要及时调整

产品战略规划中的产品潜力测算和竞争力评估是基于往年的数据、当时竞争对手的产品发展策略和销售人员的已有能力及经验做出的。如果产品在战略分析模型中所处的战略定位象限出现偏差，产品生命发展周期阶段的界定也可能出现偏离，进而导致产品的发展定位出现偏差，以上每个因素发生变化都会导致产品的发展目标路径和预测的"发展轨道"出现较大幅度的偏离。所以，这就需要时刻监控产品的实际运营状态，对于明显偏离产品发展节点的异常情况要及时发现，并分析原因，做出及时、合理的修正，保证产品的良性发展。

1.2.2　企业产品经营预警的常见问题

目前，已经科学系统地制定产品战略规划，并落实产品经营预警管理的企业不多，但随着大数据的广泛应用，开始进行产品经营预警的企业越来越多。企业在产品经营预警管理中经常碰到的问题有以下几个。

(1) 产品经营预警分析重点不突出，出现合理情况、合理偏离和重大偏离都进行分析，这样会过多消耗时间和精力，重要问题反而得不到更好的分析和解决。

(2) 重点监控和分析重大负向偏离，而忽略重大的正向偏离。应该是对负向和正向的重大偏离都要进行原因分析，找出问题，及时地修正策略或目标。

(3) 简单罗列数据，缺乏透彻分析。

(4) 缺乏数据关联，从自身出发，不是基于产品自身的生命周期发展阶段和发展规律、产品发展潜力和竞争地位考虑公司和产品产出等经营层面的问题。

(5) 头痛医头，脚痛医脚，不探寻数据背后的原因；主要分析客观原因，不从主观和认知层面提升和改进。

(6) 产品经营分析会前准备不足，没能针对事先明确的客户策略和产品规划策略，与竞争对手进行对比并深层次量化分析；会上讨论细节，无决议，不了了之。

(7) 不针对重要的问题进行专题分析，或者只分析原因，不提出解决措施、路径和资源需求，特别是容易被动接受不能改变的负面影响因素，降低产品经营目标，没能找出正向因素去弥补产品发展目标的短缺。

(8) 缺乏经验数据，不注重数据积累。

1.2.3　产品经营分析和预警的要求

产品经营分析和预警的要求如下。

(1) 重点分析而非简单汇报。

(2) 重点研讨解决问题的路径方法而不是简单算账。

(3) 要从财务指标追溯到非财务指标，重点研讨产品经营状况与营销策略的匹配。

(4) 产品经营分析数据重在分析趋势并进行预警，不需要追求数据过分精确。

(5) 产品经营预警分析更重要的是要监控是否按预定轨道和计划达到产品战略目标。如果大幅超出预定目标也要分析：为何结果比预期好很多，还能做得更好吗？再给预算还能带来增量吗？

(6) 重点关注问题是否解决，实现问题闭环管理，而不是每次重复提同一个问题。

1.3 产品经营预警管理的流程、要点和优点

1.3.1 产品经营预警管理的流程

产品经营预警管理的流程分为产品评估与战略规划，产品运行规律研究，产品目标与产品运行轨道设计，产品实际运行数据收集、监控与预警，数据异常偏离的原因分析及修正、预警措施执行及进一步监控6个部分，如图1-2所示。

产品评估与战略规划	产品运行规律研究	产品目标与产品运行轨道设计	产品实际运行数据收集、监控与预警	数据异常偏离的原因分析及修正	预警措施执行及进一步监控

图 1-2 产品经营预警管理流程

1. 产品评估与战略规划

产品就像一个孩子，是有潜质和生命力的，不同产品的潜质和生命力不同。产品的潜质和生命力需要我们去实验(验证)并进行产品竞争力评估(市场成长性方面重点分析市场容量、竞争激烈程度、增长率等；竞争地位方面重点分析企业品牌或市场份额、竞争地位等)，规划不同的发展路径才能让产品更好地成长。

产品战略规划是指产品"出生"后，在市场成长、历练多时，研究其在当前的市场竞争环境中的成长阶段；评估产品线及产品的成长状态、企业产品结构和产品发展梯队的合理性，也就是基于产品成长性和竞争力，找出并选择企业最佳增长极，根据以上研究，赋予科学合理的发展定位及发展策略。就像乔布斯的产品规划一样，让公司上下形成一致的产品发展方向共识，以"721"原则(7聚焦、2重点突破和1布局)集中资源投入，形成"聚焦、重点突破和布局"三层科学合理的、梯队化发展的产品成长结构，让企业持续、快速、高质量发展。

产品战略规划的系统工具和方法论，在2014年清华大学出版社出版的《产品战略规划》中都有体现，此内容在本书中不再赘述。

2. 产品运行规律研究

产品的成长是有规律的，比如产品生命周期规律，就是指产品在不同成长阶段(导入期、成长期、成熟期、衰退期)其成长特征不同，正确评估产品所处的成长阶段并对应施策，否则浪费资源还达不预期的效果(错误认知产品可能打击

产品的成长，好产品得不到快速成长）。另一方面，产品的合理结构、集团化作战和产品梯队化发展是企业良好发展的基础。所以，正确评估和认知企业的产品结构和梯队化发展现状，并制定正确发展策略，是企业持续发展的必由之路。找出潜力大和处于成长期的产品，科学投入（遵循721原则），才能获得最大产出。本书将详细论述产品的生命周期规律、产品的销售规律等，其是设计产品成长轨道和监控节点的重要依据。

3. 产品目标与产品运行轨道设计

产品目标与产品运行轨道设计是产品经营预警管理的核心。产品经营预警是在产品战略规划完成后，为了保证产品战略规划能够实现预期目标，在未来营销过程中进行的经营预警。

本部分重点论述产品发展目标确定的"W"流程和方法，并论述如何依据产品战略规划、产品销售规律、产品发展目标、产品销售逻辑路径和产品预警原则，设计产品经营指标关联图、产品运行轨道和监控节点。

4. 产品实际运行数据收集、监控与预警

产品实际运行数据收集、监控与预警是产品经营预警管理的重要环节，先收集产品的运行数据，再根据产品预警原则和产品发展轨道标准进行核对，对于超出范围的运行指标进行预警，包括对产品线和核心产品的运行情况、产品销售区域运营情况、产品销售渠道运营情况、利润情况、人均产品销售额、各区域主销产品、各渠道主销产品等进行分析和预警。

5. 数据异常偏离的原因分析及修正

数据异常偏离的原因分析及修正是产品经营预警管理的重要环节，通过分析产品运行逻辑找出产品发展偏离轨道的深层次原因，并制定修正方案，保证产品良性发展和公司销售目标的实现。

本部分的主要任务包括寻找解决问题的方案和路径、召开经营分析和预警会议、评估问题和路径、重新配置资源等。

6. 预警措施执行及进一步监控

本部分的主要任务有优化并实施问题解决路径的修正方案，重点监控偏离的指标并进入下一个监控周期。

1.3.2　产品经营预警管理的要点

产品经营预警管理的要点如下。

(1) 系统、整体地看待公司的产品运营,包括产品线、核心产品、区域和渠道,分层分级,数据展现直观,分析简明有效。

(2) 通过预设目标数据及时发现问题并预警,由此逐步完善经验数据库。

(3) 通过关联分析打破部门界限,追溯问题的根源,挖掘数据背后的深层原因,有效分析和解决问题。

(4) 落实决议,形成经营预警系统的闭环管理。

产品经营预警是围绕促进产品良好发展的核心运营指标而建立的,这些指标包括:销售总目标、新产品的增长率、人均产出和人均利润、人均成本等。

将产品经营指标分解成一系列关联活动和考核指标,进而分解到各个主体部门,实现与产品发展业绩承诺相挂钩,并且通过设置产品经营预警原则,根据产品发展目标完成情况给出预警,让决策层能及时发现问题并调整产品战略和计划,及时采取解决措施,实现产品发展的滚动管理,从而及时有效控制产品经营风险,进而控制公司经营的风险。

1.3.3　产品经营预警管理的优点

产品经营预警管理的优点如下。

(1) 及时验证产品整体经营状况是否达到预期,产品战略和营销策略是否奏效。如果没有,及时分析原因,提出修正方案和策略,以保证产品经营目标的实现。

(2) 及时有效发现产品发展的状况,能够时刻预知年初制定的公司经营目标的完成百分比,而不是到了年底才知道销售目标完不成,再调整策略为时已晚。产品经营预警管理可为管理层提供决策依据,提前控制产品和公司经营的风险。

(3) 及时找到产品经营中的问题根源,对业务、市场和财务负责,而不是对人和部门负责,打破部门间的界限。

(4) 基于产品经营预警管理,对市场、客户、自身优劣势的深入分析可以加快公司的决策进程。

(5) 可以提前发现问题,提高产品对环境变化的反应能力。

(6) 提高企业的灵敏度分析,提升产品和企业的市场竞争力。

第 2 章
产品销售规律

* * * * *

事物的成长和发展都具有其自身的规律，产品的经营和销售也同样具有一定的规律。人们应该在产品的经营和销售管理中挖掘这些规律，在产品销售的不同阶段采用不同的产品管理方式和策略，才能做好产品的经营预警管理。

2.1 产品生命周期理论

产品生命周期是指产品从准备进入市场到被淘汰退出市场的全过程，是产品在市场活动中的经济寿命，也即在市场流通过程中，由于消费者的需求变化及影响市场的其他因素所造成的产品由推向市场到退出市场的周期。产品生命周期主要是由消费者的消费方式、消费水平、消费结构和消费心理的变化所决定的。

产品生命周期可根据销量和利润的变化，分为导入期、成长期、成熟期、衰退期四个阶段，如图 2-1 所示。

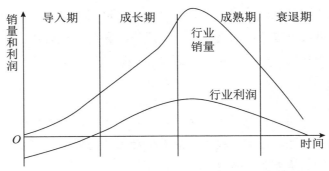

图 2-1 产品生命周期的阶段划分

产品如何发展及如何随着时间的推移而改进与产品的类型有很大关系，销量和利润曲线的形状、长度，以及上升和下降的速度，也取决于企业在产品生命周期的每个阶段的资源投入和营销策略。

2.1.1 产品导入期

新产品投入市场，即进入导入期。此时销量一般很低，因为顾客对产品的了解较少，只有少数追求新奇的顾客可能购买。为了扩大销路，需要对产品进行宣传，因此需要投入大量的人力、物力及财力。另外，在导入期，产品销量小，没能形成大批量生产，规模效应不显著，因而成本高，企业可能得不到利润，反而亏损。

若产品的销售增长率 $\eta < 10\%$，则产品处于导入期。

在产品生命周期中的导入期，由于用户增长速度较慢，企业应该把重点放在用户的转化率及复购率上，设立用户反馈机制，根据数据精准分析出哪种产品适合哪个人群，哪种产品组合会更吸引哪个特定的人群，然后对产品、服务进行迭代、优化，将前期沉淀出来的用户按照消费金额、消费频率、消费时间进行划分，确定重点客户、潜在客户及无效客户，并制定相应的服务标准、营销策略。

当产品刚发布，大家都不清楚或者不相信其价值的时候，主动示范应用是很有必要的，可增加用户体验环节，让用户充分认识产品的价值。例如，某打车软件雇人专门去乘坐装有其软件产品的出租车，让出租车司机实实在在地感受软件带给他们的利益和便利。

在很多情况下，产品导入期的特点是销售缓慢，利润微薄，因此，这个阶段的营销策略应该围绕产品价格和促销展开。新产品诞生之后，因为只有较少用户使用产品，所以接下来要做的是获取种子用户，完成产品启动。

获取种子用户的方法有两种：冷启动和热启动。

1. 冷启动

冷启动是指不通过大规模市场推广，而是通过优质的内容或者熟人口碑传播进行产品启动的方法，让市场检验产品的生命力。这种方法可以有效降低项目风险，但是市场启动速度会比较慢。

2. 热启动

热启动是指企业投入大量的资源（包含人力、资金等）和广告宣传获得用户，让产品迅速启动，实现产品销售的爆发式增长。同时，鼓励用户提出中肯的意见和建议，不断优化产品性能和提升用户体验。

采用热启动方法时，企业经常使用快速渗透法，以较低的价格推出促销的产品，目的是成为市场领导者并实现利润最大化。

快速渗透法的使用条件如下：

(1) 市场广阔、市场容量巨大；

(2) 低价对买家很重要；

(3) 竞争很激烈；

(4) 用户需要被告知和说服。

产品导入期什么最重要？

在导入期，价格、销售、成本、创新能力、利润哪个方面最重要？答案是创新能力！

在导入期，企业应通过创新打造产品的无形资产护城河，让别人做不出或无法模仿，抢不走客户。

2.1.2　产品成长期

导入期结束之后，开始进入第二阶段：成长期，即通过一系列的方法和一段时间的市场积累，获得了种子用户，进入快速获得更多用户的发展通道。在此阶段，顾客对产品已经熟悉，大量的新顾客开始购买，市场逐步扩大。产品大批量生产，生产成本相对降低，企业的销售额迅速上升，利润也迅速增长，此阶段主要的工作目标是获得用户。

1. 产品生命周期的成长期与销售增长率的关系

若产品的销售增长率 $\eta > 10\%$，则产品处于成长期。

在成长期，产品经理要配合运营部门做好功能更新和产品迭代，因为在这个阶段获得用户变得尤为重要，同时需要密切关注产品相关的数据。

产品优化方面，要重点关注用户对每一个核心功能的使用意见，不断提升产品用户体验，这才是留住用户的根本保障。

为了争夺用户，难免会通过各种渠道进行广告投放，所以在推广方面，要重点关注推广渠道数据，筛选出投入产出比最高的渠道并持续投入。

2. 关注客户

成长期是业务开始快速增长并达到产品生命周期曲线顶部的阶段，企业应重视当前客户数据并定期研究其体验，以找出：

(1) 客户面临什么问题；

(2) 产品如何为客户提供帮助；

(3) 产品还能进行哪些改良；

(4) 客户喜欢和不喜欢产品的哪些方面；

(5) 开发产品新功能；

(6) 找出产品的哪些元素对客户最有价值。

3. 仔细观察竞争对手

除了关注客户外，还需要仔细观察竞争对手的以下几个方面：

(1) 产品与主要竞争对手相比，优劣势有哪些？

(2) 我们有什么比他们做得更好 / 有哪些差异点？

(3) 是什么让我们脱颖而出？

4. 成长期什么最重要

在产品成长期什么最重要？

销售、成本、价格、创新能力、竞争对手、利润这 6 个方面中哪一个最重要？答案是销售！

因为到了成长期，产品已经得到了一些用户的认可，这时企业要做的就是不断地扩大市场规模。随着市场规模的不断扩大，还能不断地降低成本，提升产品的竞争力。

5. 采取策略

针对成长期的特点，企业为维持其市场增长率，延长获取最大利润的时间，可以采取以下几种策略。

(1) 改善产品品质，如增加新的功能，改变产品款式，推出新的型号，开发新的用途等。对产品进行改进，可以提升产品的竞争能力，满足顾客更广泛的需求，吸引更多的顾客。

(2) 寻找新的细分市场。通过市场细分，找到新的尚未满足的细分市场，根据其需要组织生产，并迅速进入这一新市场。

(3) 改变广告宣传的重心。把广告宣传的重心从介绍产品转到建立产品形象上来，树立产品品牌，维系老顾客，吸引新顾客。

(4) 适时降价。在适当的时机，可以采取降价策略，以激发那些对价格比较敏感的消费者产生购买动机并采取购买行动。

2.1.3　产品成熟期

产品经过一段时间的快速成长后，市场需求趋于饱和，潜在的顾客已经很少，销售额增长缓慢直至转而下降，标志着产品进入了成熟期。在这一阶段，竞争逐渐加剧，产品售价下降，促销费用增加，企业利润下降。在这个阶段最主要的目标是维系好老用户，同时保持新用户增长，实现盈利。

1. 产品生命周期的成熟期与销售增长率的关系

若产品的销售增长率 $0.1\% < \eta < 10\%$，则产品处于成熟期。

在产品拓展方面，可根据产品和客户的属性，创新产品拓展策略。效果比较好的策略一般是向老客户推广新产品，而向新客户推广老产品。产品拓展策略模型如图 2-2 所示。

一般在维系老用户的基础上，同时不断地开拓新业务来保持新用户的持续增长。

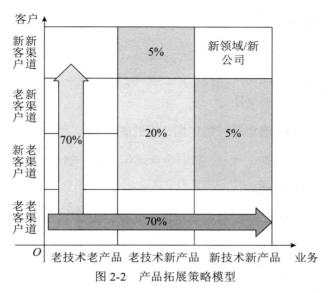

图 2-2 产品拓展策略模型

在产品研发方面，根据市场需求的变化和技术进步，不断更新换代、升级自己的产品。例如苹果公司通过不断改进产品来保持市场份额并延长其成熟期，每年都会发布一个更新、更好的版本，在营销上投入巨资来宣传每个新版本的优点，这有助于吸引新客户，同时说服现有客户升级。

2. 成熟期什么最重要

在产品成熟期，销售、成本、价格、创新能力、竞争对手、利润这 6 个方面哪一个最重要？答案是利润。

产品已经有了规模、流量，建立了壁垒，有了品牌，这时要开始赚钱了。

3. 怎么赚钱呢

方法一：通过推出多元化的产品满足消费者差异化的需求来赚钱。到了成熟期，产品通常都是引流品，公司可生产其他的产品，满足不同用户的需求，赚取利润。

雷军曾经说过，很多手机厂商每年要花很多精力研发多款手机，小米要集中全部力量做一款手机。在成熟期，再通过多元化的产品满足消费者差异化的需求来赚取利润。

方法二：成熟期的核心任务是根据产品拓展策略模型（见图 2-2），寻找新的业务模式（最好与现有业务相关）或者寻找新的用户群体（比如拓展海外市场等）。

2.1.4　产品衰退期

随着科学技术的发展，市场上新产品提供了更好的解决方案，或者消费者的生活方式发生了变化转而购买其他产品，从而使原来产品的销售额和利润迅速下降。此时，产品进入了衰退期。

1. 产品生命周期的衰退期与销售增长率的关系

若产品的销售增长率 $\eta < 0$，即销售量逐年下降，则产品处于衰退期。

2. 公司需要做出的决定

在开发和制造方面，公司需要做出以下决定：

(1) 继续根据市场需求生产适应当前形势的产品；

(2) 进行改进以延长衰退期；

(3) 重新进行市场细分，开发新产品；

(4) 完全放弃该产品。

无论公司做出什么决定，都要通过"榨取"产品价值来进行产品在衰退期的管理。"榨取"是指在最短的时间内从产品中获取最大可能的收入和利润。

3. 衰退期什么最重要

在衰退期，销售、成本、价格、创新能力、竞争对手、利润这 6 个方面哪一个最重要？答案是成本。

在这个阶段，需要通过不断降低成本让产品衰退得更慢一点，获取的利润更多一些。

乔布斯重新执掌苹果公司的时候，为什么会说只做一张桌子放得下的产品？因为当时苹果公司账面上的资金已经不够支持公司生存三个月了，所以苹果必须收缩不赚钱的产品线，降低成本。

再比如，曾经的个人计算机 (PC) 巨头 IBM，在 PC 业务进入衰退期之后，IBM 做了什么？将 PC 业务卖给了联想。曾经拥有 200 多个品牌的宝洁，大刀阔斧砍掉了处于衰退期的 100 多个品牌。

2.1.5 产品生命周期不同阶段的特征

1. 导入期(前期)

(1) 主增用户：创新者、早期采用者。

(2) 用户特征：主动积极，愿意参与创造，包容瑕疵。

(3) 产品版本：提供基础功能、试验性功能与服务。

(4) 产品策略：收集有效反馈，快速迭代验证。

(5) 运营策略：不投放广告，寻找早期采用者。

2. 导入期(后期)

(1) 主增用户：早期大众。

(2) 用户特征：关心需求，关注稳定、可靠的性能，对价格敏感。

(3) 产品版本：提供满足客户需求的核心功能，强化稳定性和可靠性。

(4) 产品策略：收集有效反馈，快速迭代验证。

(5) 运营策略：不投放广告，完善客户服务。

3. 成长期

(1) 主增用户：早期大众。

(2) 用户特征：关心需求，关注稳定、可靠的性能，对价格敏感。

(3) 产品版本：强化客户需求的核心功能，强化稳定性和可靠性。

(4) 产品策略：收集有效反馈，快速迭代验证，重点策略是产品领先。

(5) 运营策略：打造品牌，大范围、多渠道营销，掠夺性定价，完善支撑体系。

4. 成熟期

(1) 主增用户：后期大众。

(2) 用户特征：与早期大众类似，但没有能力和意愿学习与运营新技术，本质上相信传统，反对不断创新，只要产品能用就行。

(3) 产品版本：强化用户体验，强化稳定性和可靠性。

(4) 产品策略：较低的更新频率，较小的界面和核心功能变化。

(5) 运营策略：营利性运营，提供更多、更全面的客户服务，重点策略是效率提升，快速占领市场。

5. 衰退期

(1) 主增用户：无 (如有产品和业务上的激活策略，可能进入新细分市场：创新者、早期采用者)。

(2) 用户特征：用户活跃度在降低。

(3) 产品版本：提供试验性功能与服务。

(4) 产品策略：颠覆性创新，果断取舍，重要策略是革新。

(5) 运营策略：颠覆性创新，果断取舍。

产品进入衰退期后，企业应重新进行市场细分，对产品进行颠覆性创新：成，则重入成长期，开始新的产品生命周期；败，则消亡。

6. 产品生命周期理论给我们的启示

产品生命周期理论给我们的启示如下。

(1) 导入期，创新能力最重要，这时要考虑打造专利壁垒。

(2) 成长期，销售最重要，持续打造规模效应壁垒。

(3) 成熟期，利润最重要，持续打造低成本和品牌壁垒。

(4) 衰退期，成本最重要，利用迁移成本减缓产品的衰退，或通过重新细分市场开拓新领域。

总之，企业应根据产品生命周期理论认真评估产品的发展阶段，合理设计产品的发展轨道，监控、分析产品运营数据，科学调整和优化营销策略，保证产品未来效益最大化。

2.2　产品销售周期规律

产品销售周期规律一般理解为单款产品的销售周期规律或者品类的销售周期规律，指的是单款产品或者品类销售的总时间跨度或各个时间段的销售变化规律。分析产品销售周期规律的目的是在有限的销售时间及各个时间段采用不同的产品管理策略，以达到销售最大化的目的。接下来从影响产品销售周期的因素及各个销售时间段的不同特点来逐一分析产品销售周期变化规律。

2.2.1　产品销售周期规律的影响因素

影响产品销售周期规律的因素包括以下几个。

(1) 季节和气候等客观因素。

(2) 竞品或自身同品类产品中有款式相近的产品出现。

(3) 人为的产品调动。

(4) 人的工作或生活因素。

根据销售周期的长度 (日、周、月、季度或年度)，可以预测每个销售区域或渠道在一定时间内可以完成的交易数量，还可以预测潜在客户是否会转换。

2.2.2　产品销售周期规律的类型

产品的自然周期规律，对不同业务而言是不一样的。很多时候，自然周期表现得并不直观，隐藏在日常起起伏伏的销售统计数据里。这时候就需要我们进一步分析，才能发现周期规律。例如，某个公众号的阅读人数统计如图 2-3 所示。

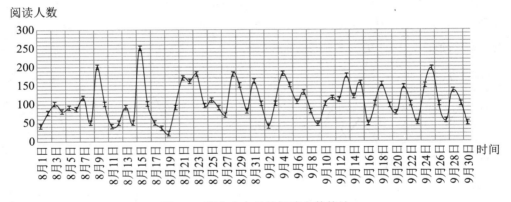

图 2-3　某个公众号的阅读人数统计

乍一看，图 2-3 中的曲线是不是毫无规律可言？

这就需要我们进一步进行分析。为了更好地分析，一般取 1 年内或 6 个月内的每日数据。因为 6 个月的时间一般能涵盖 2 个季度，能体现季节性变化规律。

同时，通过观察每日数据，判断是否有周或月度的周期性规律。

由图 2-3 中蜿蜒起伏的曲线可以得知：没有明显的月度规律，因为图 2-3 中的曲线在一个月度时间周期内没有一致的变化趋势或曲线走势。

大多数情况下，数据有月度规律，如图 2-4 所示。

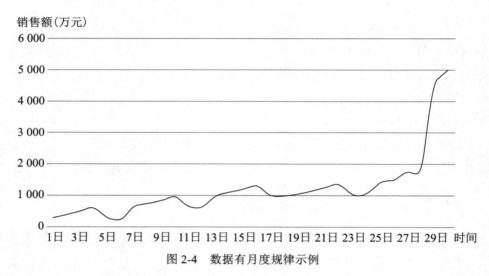

图 2-4 数据有月度规律示例

有时候一组数据确实没有月度规律，即一个月度周期中的数据没有一定的变化规律，如图 2-5 所示。但为了找出产品销售的周期规律，可继续研究是否有更小周期（如周）的规律，这需要将数据做处理，可把完整的数据从周一到周日对齐，然后做折线图，这样更容易观察出周规律。

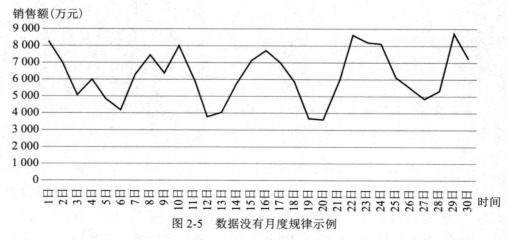

图 2-5 数据没有月度规律示例

我们可以把一个月分解成 4 周，由图 2-5 所示数据可得产品销售统计表，如表 2-1 所示。然后，把表 2-1 中的数据做成以周为周期的折线图，观察是否有周规律。

表 2-1　产品销售统计表

单位：万元

	第 1 周	第 2 周	第 3 周	第 4 周
周一	8 251	7 482	7 128	8 635
周二	6 878	6 389	7 712	8 211
周三	5 061	8 021	7 012	8 121
周四	6 011	6 166	5 855	6 142
周五	4 798	3 792	3 678	5 521
周六	4 190	4 046	3 615	4 870
周日	6 306	5 750	5 680	5 328

经过这样处理以后，可以看出确实有周规律变化，表现为：周一至周六逐步降低，周日反弹。如果根据每周一到每周日的数据计算平均数，就能画出产品销售的周规律曲线，如图 2-6 所示。

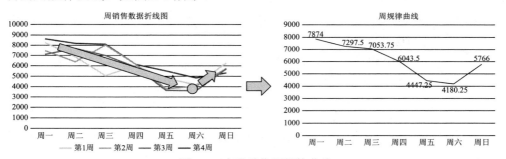

图 2-6　产品销售周规律曲线

周期性分析的主要目的是得出一个参考曲线，为进一步判断提供依据。周期曲线是拟合形成的一条曲线，可与某一个具体周期的数据进行对比，分析差异，如图 2-7 所示。

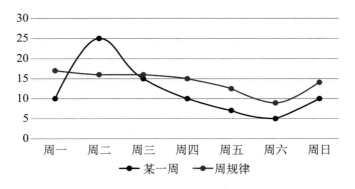

图 2-7　利用周规律评估异常值

图 2-7 中，周一、周二是明显异常点。如果没有做标签说明，就可能会认为是销售异常："本周连续 2 天异常！请注意！"但如果做了标签说明，数据异常是因为周一策划了产品促销，则周一、周二的异常就不需要大惊小怪了。

产品的销售周期规律一般可分为趋势型、躺平型和周期型三种。

1. 趋势型

趋势型就是按照同一个趋势连续发展的态势，一般为连续递增或连续递减，如图 2-8 所示。

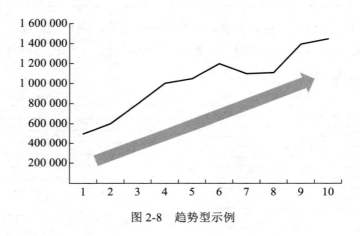

图 2-8　趋势型示例

2. 躺平型

躺平型就是数据变动较少，表现为一条直线，发展相对平稳，如图 2-9 所示。

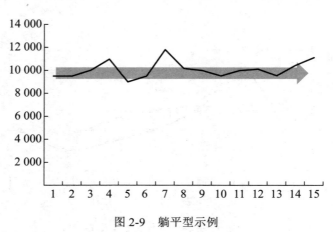

图 2-9　躺平型示例

3. 周期型

周期型就是数据呈有规律的周期性波动，如图 2-10 所示。

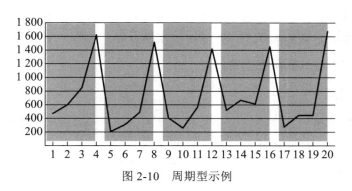

图 2-10　周期型示例

2.3　区域产品销量

2.3.1　产品销量的影响因素分析

影响产品销售的因素很多，一般有以下几种。

1. 市场销售特征

市场销售特征包括季节、消费习惯、消费档次、关联消费能力、品类成熟度、品牌成熟度等。有些产品是受季节因素影响的，所以就会出现淡季和旺季。受这种因素影响的销量下滑是无法得到根本性改善的，所以，我们应该正确识别市场销售特征并加以利用。

2. 产品品牌的培育和推广

产品品牌的培育和推广是非常重要的，企业只有先把潜在市场做起来，才有可能形成后续的销售。

3. 产品的目标市场

产品的目标市场范围的大小及潜在需求量、市场的集中与分散程度等都会影响产品销量。要做好客户方面的筛选就需要做好产品方面的分析，产品分析是对客户进行筛选的前提条件，要充分了解产品可以覆盖什么样的客户，产品的目标客户有多少，他们在哪里。了解产品的客户越多，产品的销量才越大。

4. 营销渠道管理

在企业规模有限、跨地域销售能力有限的条件下，借助渠道的力量是非常明智的选择。渠道是多种多样的，企业可以根据自身特征和相关条件进行选择，争取找到最好的渠道，获得更多效益。

5. 竞争管理

市场竞争的激烈程度往往也会影响产品的销量，当今时代的竞争是非常激烈的，企业都是本着良性竞争的原则，将市场做大做强。

6. 营销区域

同一个产品在不同的区域的销量往往差别较大。在不同的销售大区投入相同的资源，其产出也差别较大，因此，需要对公司当前的销售大区进行分析，以制定不同的销售目标。

区域因素是影响产品销量的重要因素之一。

1) 市场潜力不同

一个产品在某个区域销量很好，但可能在另一个区域销量不好，在不同市场其潜力差别很大。

2) 品牌知名度不同

一个公司在某些区域投入的人力、物力不同，所以在不同区域的品牌知名度不同。

3) 贡献度不同

不同区域由不同的销售团队去开拓，相同的资源投入对公司的销售贡献度差别较大，公司需要找出增长较快、贡献大的区域。

2.3.2 产品销售区域的战略地图

销售区域是公司全部产品所覆盖的销售范围，一般公司会在多个不同的营销区域派遣不同的销售团队从事营销活动，实现产品销售。但因为不同区域的市场容量、消费习惯、竞争激烈程度、产品成熟度不同，所以往往其销售额也不同。

企业应构建"区域定级模型"，从区域市场吸引力和区域市场竞争地位两个维度对所有销售区域进行分析与评估，根据区域市场吸引力和竞争地位的不同将区域定级模型分成四个象限，确定各区域的战略位置，形成产品销售区域的战略地图，如图 2-11 所示区域定级模型。利用区域定级模型可以清晰地掌握各区域的优势和劣势，方便公司对各区域制定相应的发展规划和策略，设计不同的产品销售目标和产品发展轨道。

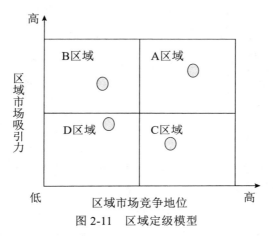

图 2-11　区域定级模型

在区域定级模型中，将销售区域划分为 A、B、C、D 四类区域，其特点如下。

A 区域是产品的战略销售区域。这一区域具有比较高的市场吸引力和市场竞争地位，它们不但市场容量大、产品增长率高，而且产品的市场地位、市场占有率和消费者认可程度也比较高，产品处于高增长和销售规模大的阶段，是公司的主要利润来源，是公司发展的重要支撑区域。所以，产品的营销政策应该向该类区域倾斜，销售目标在现有销量基础上要有比较高的增长，是该产品销量的主要承担者。

B 区域是产品的重点关注区域。这一区域的市场吸引力比较高，但市场竞争地位较低，即产品的市场容量大、产品增长率高，产品即将进入高增长率周期。但是产品的市场占有率和消费者认可程度都比较低，需要加大投入促使产品快速成长。所以，在该区域增加投入可实现快速增长，虽然产品的绝对销售额不高，但它是产品高增长率的承担者。

C 区域属于重新细分市场。这一区域的市场吸引力比较低，甚至产品市场已经饱和，而市场竞争地位较高，该产品的市场占有率很高，也就是说在该区域里产品已经有很好的知名度和品牌效应，消费者对该产品或公司的认可度都比较高，公司不应该再投入。针对该区域，指导思想为重点推广新产品或重新细分市场，寻找新的客户群。该区域的产品是销售额的主要承担者，因为基数较大，增长率较小，产品的运营规律已经成熟，产品的发展轨道也能较准确预测。

D区域是产品的自然成长区域。这一区域的市场吸引力和市场竞争地位都比较低，不但市场容量小、产品增长率低，而且产品的市场地位、市场占有率和消费者认可程度也比较低，产品处于低增长或负增长的状态，其特点是短期内惯性增长。所以，应将产品的促销政策取消，把有限的资源投入高增长的区域，而任由该区域自然成长，根据后期发展情况再定具体策略，不浪费资源。

为了更好地进行产品经营预警管理，对产品销售区域进行战略定级非常有意义。

1. 明确产品销售区域

区域的划分通常有两种方式，按行政区域划分或按经济带划分，每种划分方式都包括两个层级，最终层级一般按我国的省/自治区/直辖市的名称呈现。行政区域划分方式比较常见，它比按经济带划分更为细致和具体，如表2-2所示。划分方式可根据本公司的发展战略进行选择，不同发展时期其销售区域划分不同，可以按照公司当前的实际销售区域进行评估，形成自己的产品战略地图。

表 2-2　产品销售区域划分参考标准

划分方式	划分内容
按行政区域划分	华东地区、华南地区、华中地区、华北地区、西北地区、西南地区、东北地区、港澳台地区
按经济带划分	东部沿海地区、中部内陆地区、西部边远地区

2. 产品销售区域定级

参照表2-2的划分标准明确本公司的销售区域，然后，利用区域定级模型对本公司的所有销售区域进行定级，该模型是从区域市场吸引力和区域市场竞争地位两个维度分析、判断公司各销售区域的市场位置，我们首先介绍这两个指标。

1) 区域市场吸引力

区域市场吸引力是指公司产品/服务在该区域能引导人们购买和使用的力量，可通过本区域的市场容量、市场增长率、市场竞争程度、收益率等影响因素综合判断。通过它可以识别出对企业发展具有较大贡献潜能和开发价值的区域。

根据区域市场吸引力的含义，我们可推导出区域市场吸引力的计算方法，见公式 (2-1)。表 2-3 是区域变量的中文翻译。

$$MA_i = \frac{MC_i}{\max MC} \cdot a_1 + \frac{CD_i}{\max CD} \cdot a_2 + \frac{MGR_i}{\max MGR} \cdot a_3 \tag{2-1}$$

其中，MC、CD、MGR_i 的计算方式见以下三个公式。

$$MC_i = \frac{PCI_i \cdot RP_i(1-EC)}{\max PCI \cdot RP_i(1-EC)} \cdot b_1 + \frac{PCIGR_i}{\max PCIGR} \cdot b_2 + \frac{1-CPI}{1-\min CPI} \cdot b_3 \tag{2-1-1}$$

$$CD_i = \frac{PS_{i1}}{GS_i} \cdot PCD_{i1} + \frac{PS_{i2}}{GS_i} \cdot PCD_{i2} + \cdots + \frac{PS_{ij}}{GS_i} \cdot PCD_{ij} \tag{2-1-2}$$

$$MGR_i = \frac{PS_{i1}}{GS_i} \cdot PMGR_{i1} + \frac{PS_{i2}}{GS_i} \cdot PMGR_{i2} + \cdots + \frac{PS_{ij}}{GS_i} \cdot PMGR_{ij} \tag{2-1-3}$$

$i = 1，2，3\cdots$，代表不同的区域；$j = 1，2，3\cdots$，代表不同的产品；a，b 为相应公式的权重，且 $\sum_{i=1}^{3} a_i = a_1 + a_2 + a_3 = 100\%$，$\sum_{i=1}^{3} b_i = b_1 + b_2 + b_3 = 100\%$。

表 2-3　区域变量的中文翻译 1

区域变量	代替字母	区域变量	代替字母
区域 i 的市场吸引力 (market attractiveness)	MA_i	区域 i 的市场容量 (market capacity)	MC_i
区域 i 的市场竞争程度 (competition degree)	CD_i	区域 i 的市场增长率 (market growth rate)	MGR_i
区域 i 产品 j 的市场竞争程度 (product competition degree)	PCD_{ij}	区域 i 的产品销售总额 (product gross sales)	GS_i
恩格尔系数 (Engel's coefficient)	EC	区域 i 中产品 j 的销售额 (product sales)	PS_{ij}
区域 i 产品 j 的市场增长率 (product market growth rate)	$PMGR_{ij}$	居民消费价格指数 (Consumer Price Index)	CPI
人均收入增长率 (per capita income growth rate)	$PCIGR_i$	最大 (maximum)	$\max$
区域 i 的人口数 (regional population)	RP_i	最小 (minimum)	$\min$
区域 i 的人均收入 (per capita income)	PCI_i		

2) 区域市场竞争地位

区域市场竞争地位是指企业在该区域市场竞争中所占据的位置，可通过本区域的市场份额、品牌优势、产品优势等因素综合判断。通过它可以识别出具有较大投入产出比、较高回报率的区域。

同理，我们推导出区域市场竞争地位的详细计算方法，见公式 2-2。表 2-4 是区域变量的中文翻译。

$$MCP_i = \frac{MS_i}{\max MS} \cdot c_1 + \frac{PA_i}{\max PA} \cdot c_2 + \frac{BA_i}{\max BA} \cdot c_3 \qquad (2\text{-}2)$$

$i=1$，2，3…，代表不同的区域；c_1，c_2，c_3 为相应公式的权重，且 $\sum_{i=1}^{3} c_i = c_1 + c_2 + c_3 = 100\%$。

表 2-4　区域变量的中文翻译 2

区域变量	代替字母	区域变量	代替字母
区域 i 的市场竞争地位 (market competition position)	MCP_i	区域 i 的市场份额 (market shares)	MS_i
区域 i 的品牌优势 (brand awareness)	BA_i	最大 (maximum)	max
区域 i 的产品优势 (product advantages)	PA_i		

根据以上公式分别计算公司产品的各销售区域的市场吸引力和市场竞争地位，然后根据所得结果构建区域定级模型（见图 2-11）。通过该模型可以掌握公司销售区域的整体表现及特征，有利于制定产品的销售目标和产品销售发展轨道，为产品经营预警管理打下坚实的基础。

【案例示范】

以 ×× 公司为例，对其主要销售区域进行分析。公司共有 24 个主要销售区域。针对公司的数据可获得性、行业特点和公司的实际情况，区域市场吸引力和市场竞争地位的影响因素选取与计算方法如下。

1. 区域的市场吸引力MA

选取了市场容量 MC(50%)、市场的增长率 MGR(30%) 和市场竞争程度 CD(20%) 三个主要指标计算区域的市场吸引力，公式如下。

$$MA_i = \frac{MC_i}{\max MC} \cdot a_1 + \frac{MGR_i}{\max MGR} \cdot a_2 + \frac{CD_i}{\max CD} \cdot a_3$$

其中

$$a_1 = 0.5,\quad a_2 = 0.3,\quad a_3 = 0.2$$

$$\sum_{i=1}^{3} a_i = a_1 + a_2 + a_3 = 100\%, \quad i = 1, 2, 3$$

我们以广州区域为例，展示区域的市场吸引力的主要计算过程：广州在以上三个指标中，分别得分为 $MC_1=5$，$MGR_1=5$，$CD_1=5$，故 $MA_1 = \frac{5}{5} \cdot 0.5 + \frac{5}{5} \cdot 0.3 + \frac{5}{5} \cdot 0.2 = 1$。

因此，广州的市场吸引力得分为1。

2. 区域的市场竞争地位MCP

选取市场份额 MS(60%)、本公司的产品优势 PA(15%)、品牌优势 BA(25%) 三个主要指标计算区域的市场竞争地位，公式如下。

$$MCP_i = \frac{MS_i}{\max MS} \cdot c_1 + \frac{PA_i}{\max PA} \cdot c_2 + \frac{BA_i}{\max BA} \cdot c_3$$

$$c_1 = 0.6, \quad c_2 = 0.15, \quad c_3 = 0.25$$

$$\sum_{i=1}^{3} c_i = c_1 + c_2 + c_3 = 100\%, \quad i = 1, 2, 3$$

我们同样以广州区域为例，展示区域的市场竞争地位的主要计算过程：广州在以上三个指标中，分别得分为 $MS_1=2$，$PA_1=2$，$BA_1=3$，故 $MCP_1 = \frac{2}{5} \times 0.6 + \frac{2}{5} \times 0.15 + \frac{3}{5} \times 0.25 = 0.45$。

因此，广州的市场竞争地位得分为0.45。

结果整理如表 2-5 所示。

表 2-5 广州区域市场吸引力和竞争地位的影响因素权重及得分

市场吸引力 影响因素	权重	分数	市场竞争地位 影响因素	权重	分数
市场容量 (MC)	50%	0.5	市场份额 (MS)	60%	0.24
市场增长率 (MGR)	30%	0.3	产品优势 (PA)	15%	0.06
市场竞争程度 (CD)	20%	0.2	品牌优势 (BA)	25%	0.15
综合评分		1	综合评分		0.45

按照以上计算方法，得出该公司销售区域市场吸引力和市场竞争地位的值，整理结果见表 2-6，并将结果绘制在图 2-12 中。

表 2-6 ××公司销售区域市场吸引力和市场竞争地位计算结果

序号	区域名称	市场竞争地位 得分	市场吸引力 得分	序号	区域名称	市场竞争 地位得分	市场吸引力 得分
1	广东	0.45	1.00	13	陕西	0.44	0.44

(续表)

序号	区域名称	市场竞争地位得分	市场吸引力得分	序号	区域名称	市场竞争地位得分	市场吸引力得分
2	山东	0.44	0.85	14	福建	0.30	0.42
3	浙江	0.42	0.83	15	重庆	0.43	0.41
4	湖南	0.27	0.70	16	江西	0.47	0.40
5	江苏	0.39	0.66	17	山西	0.38	0.40
6	四川	0.36	0.65	18	广西	0.31	0.40
7	河南	0.39	0.54	19	辽宁	0.31	0.40
8	北京	0.37	0.58	20	云南	0.46	0.38
9	上海	0.39	0.59	21	黑龙江	0.28	0.38
10	河北	0.42	0.53	22	天津	0.21	0.35
11	安徽	0.62	0.52	23	甘肃	0.39	0.35
12	湖北	0.54	0.44	24	新疆	0.35	0.20

　　利用区域定级模型对该公司的24个主要销售区域进行定级，详见图2-12，从图中可以看出，广东、山东、浙江这三个地区具有较强的市场竞争地位和市场吸引力，安徽、江西、湖北等地也是该公司的重点销售区域，湖南、四川、上海等具有较大的市场潜力，新疆、天津、黑龙江等区域目前市场相对较弱。

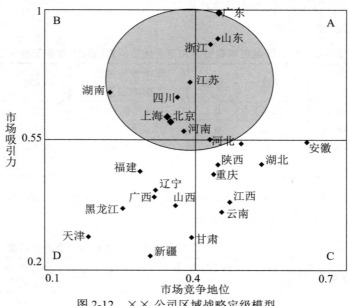

图2-12　××公司区域战略定级模型

由于没有考虑区域消费习惯、市场基础等因素，所以那些消费习惯好、市场基础好的区域的市场吸引力都普遍下降了，也就是说在区域定级模型中的位置都普遍下移了。

所以，从图 2-12 的区域战略定级模型中可以看出，下一年的产品销售量的主要承担者为山东、广东、湖北、陕西、重庆、河北、安徽等销售区域，产品增长率的主要承担者为湖南、江苏、上海、河南、四川、北京等销售区域。

第 3 章
产品销售预测方法

* * * * *

当产品进入成长期或成熟期后，已经沉淀了足够的数据可以对未来的销售趋势进行预测。

为什么要做销售预测呢？

一方面，使产品库存管理更加高效；另一方面，探索影响销售的因子与销量之间的关系，帮助制定销售目标。

销售预测模型不仅需要考虑周期性、区域性，还要把业务规律等因素量化。

从本质上看，产品销售预测方法可分为基于时间序列的预测和基于因果关系的预测两种。

3.1　基于时间序列的预测

时间序列的实质是过去的走势在未来的重现。需要重点找出过去的走势规律，得出一个拟合函数，然后代入未来的时间节点，得出产品的预测销量。时间序列适合数据量比较少的情况，特别是只有一个销售额总量的时候。

基于时间序列的产品销售预测，可分为趋势型、躺平型和周期型 3 种产品销售预测。

3.1.1 趋势型产品销售预测

1. 趋势型产品销售预测的步骤

趋势型产品销售预测的步骤分为 6 个，如图 3-1 所示。

观察趋势形态	处理数据并制作趋势线	选择趋势线形状	确定趋势线公式	预测未来数值	评价并确定预测目标

图 3-1 趋势型产品销售预测的步骤

1) 观察趋势形态

根据过去时间段的数据画折线图，观察产品销量趋势。

2) 处理数据并制作趋势线

处理相关的数据并制作趋势线。

3) 选择趋势线形状

根据观察和制作的趋势线，进一步分析趋势线的形状，确定其是属于躺平型、趋势型和周期型中的哪一种，有助于后续的分析与预测。

4) 确定趋势线公式

选定一种或几种可能的趋势线，并通过 R 平方值确定趋势线的公式。

5) 预测未来数值

输入趋势线公式，拟合各时间序列的预测销量。

6) 评价并确定预测目标

通过均方差公式求出各个趋势线方案的均方差数值，选取均方差数值较小的趋势线预测数值为未来目标。

2. 趋势型产品销售预测的实例

下面以产品 A 自 2021 年 9 月到 2022 年 6 月的销售额为例，详细论述预测未来销售额的过程。产品 A 的销售额数据详见表 3-1。

表 3-1 产品 A 的销售额

时间	产品 A 销售额 / 元
2021 年 9 月	297 288
2021 年 10 月	397 536
2021 年 11 月	551 381

(续表)

时间	产品 A 销售额 / 元
2021 年 12 月	658 692
2022 年 1 月	716 087
2022 年 2 月	828 272
2022 年 3 月	810 763
2022 年 4 月	919 721
2022 年 5 月	1 036 589
2022 年 6 月	1 097 818

要预测 2022 年 7 月产品 A 的销售额，该如何做呢？其预测过程如下。

1) 观察趋势形态

画出产品 A 的销售折线图，如图 3-2 所示，可见这是典型的趋势型产品，则应该使用趋势型产品销量预测方法。

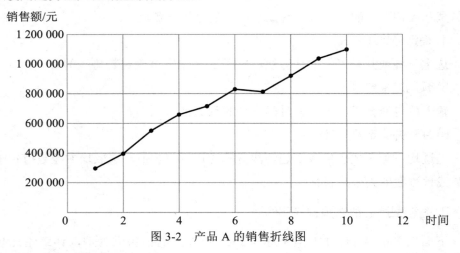

图 3-2　产品 A 的销售折线图

2) 处理数据并制作趋势线

可使用 Excel 表格工具制作新的折线图，得出该图趋势线。首先，把销售额的数据填在 Excel 表格中。其次，按时间重新进行排序，形成时间序列。最后，单击折线，右击，在文本框中找到并选择"添加趋势线 (R)"，点击添加趋势线，如图 3-3 所示。

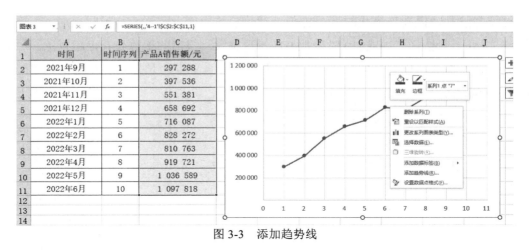

图 3-3　添加趋势线

3) 选择趋势线形状

第一步，在"趋势线选项"的下方找到"显示公式(E)"与"显示 R 平方值(R)"并选中前面的方框中的"√"，以显示趋势线公式和 R 平方值。

第二步，根据折线图的形状，选择合适的趋势线形状，可以尝试每一种趋势线形状，看看哪个与实际情况拟合得更好(R 平方值越接近 1 拟合度越好)，就选择哪个。其中多项式(P)的阶数(D)可以选择多个数值测试。本案例中的产品 A 的趋势线，既可以选择线性，也可以选择多项式，如图 3-4 所示。

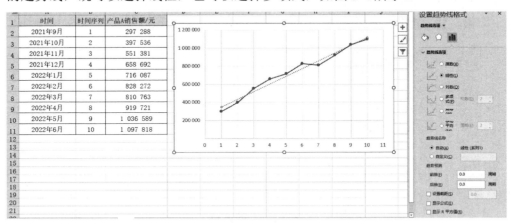

图 3-4　选择趋势线形状

选择趋势线形状的基本原则如下。

(1) 选取的趋势线尽量和实际走势接近。

(2) R 平方数值尽量接近 1(习惯上不小于 0.6)。如果是选择多项式还可以通过调整阶数，提高趋势线的 R 平方值，让趋势线更接近实际走势形状。

(3) 一般选择多项式 (P) 时阶数 (D) 参数越大，得出的函数公式也越复杂。原则上，不需要特别复杂的公式，一般选择 2、3、4 的某个值即可，模拟的曲线趋势与实际情况尽量接近，如图 3-5 所示。

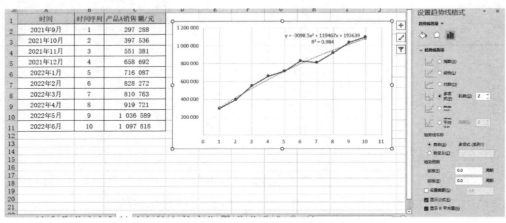

图 3-5　趋势线选择

4) 确定趋势线公式

第一步，单击横轴的坐标，并选中"标签选项"中的"数字"，看情况保留公式的小数位数。

第二步，把预测模型的函数公式填进单元格，得出预测结果，如图 3-6 所示。

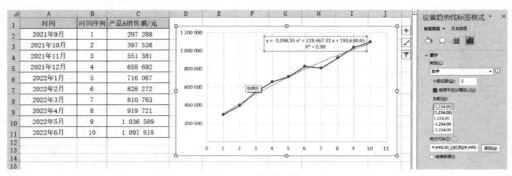

图 3-6　趋势函数

公式里的 y 就是要预测产品 A 的销售额（因变量），x 是自变量，也就是时间，x^2 就是时间 × 时间，x^3 就是时间 × 时间 × 时间。

对于本案例的产品 A 来说，因为选择线性形状和多项式形状的拟合度都比较好，R 平方值都在 98% 以上，可选择多种趋势形状预测。所以，可把多种函数公式求出来，详见图 3-7、图 3-8 和图 3-9，以及公式 (3-1)、公式 (3-2) 和公式 (3-3)。

线性形状的函数公式为 (3-1)，其中 R 平方值为 0.9758，拟合度比较好。

$$y = 85\,383.27x + 261\,806.7 \tag{3-1}$$

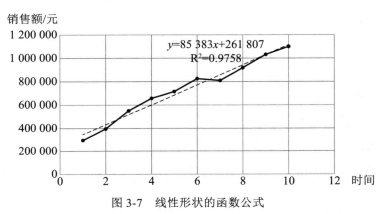

图 3-7　线性形状的函数公式

多项式 (P) 中阶数 (D) 为 "2" 的函数公式为 (3-2)，其中 R 平方值为 0.98，拟合度比较好。

$$y = -3098.5\,x^2 + 119467\,x + 193639 \tag{3-2}$$

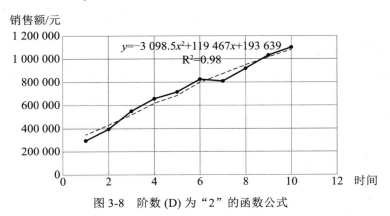

图 3-8　阶数 (D) 为 "2" 的函数公式

多项式 (P) 中阶数 (D) 为 "3" 的函数公式为 (3-3)，其中 R 平方值为 0.9902，拟合度比较好。

$$y = 1\,111.7x^3 - 21\,442x^2 + 204\,070x + 98\,252 \tag{3-3}$$

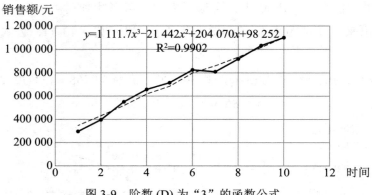

图 3-9　阶数 (D) 为 "3" 的函数公式

5) 预测未来数值

趋势线拟合的原理，就是假设数据随着时间变化而变化。因变量是数据指标，而自变量就是时间，以及时间的各种形态，比如时间的平方、对数、指数等。这种方式适用于短期预测，不适合长期预测，建议采用这种方式进行滚动预测。

本案例中的产品 A 有 2021 年 9 月至 2022 年 6 月共 10 个数据，要预测下个月即 2022 年 7 月的销售额，也就是第 11 个数据，时间是 11，时间平方是 121，时间的三次方是 1 331，代入公式，就能算出预测值。

预测过程如下。

第一步，把趋势线的函数公式输入 Excel 表上方的 "f(x)" 的公式栏中。

第二步，计算 2021 年 9 月份的趋势线拟合值，下拉拟合出其他时间序列的拟合值。得出线性趋势的 2022 年 7 月份的预测产品 A 销售额为 1 201 023。

第三步，同理，计算得出 2 次方趋势的 2022 年 7 月份的预测产品 A 销售额为 1 132 855。计算得出 3 次方趋势的 2022 年 7 月份的预测产品 A 销售额为 1 228 238，如图 3-10 所示。

时间	产品A销售额	时间序列	时间的平方	时间的三次方	线性拟合	2次方拟合	3次拟合
2021年9月	297 288	1	1	1	347 190	310 007	281 992
2021年10月	397 536	2	4	8	432 573	420 179	429 518
2021年11月	551 381	3	9	27	517 957	524 154	547 500
2021年12月	658 692	4	16	64	603 340	621 931	642 609
2022年1月	716 087	5	25	125	688 723	713 511	721 516
2022年2月	828 272	6	36	216	774 106	798 895	790 890
2022年3月	810 763	7	49	343	859 490	878 081	857 402
2022年4月	919 721	8	64	512	944 873	951 070	927 722
2022年5月	1 036 589	9	81	729	1 030 256	1 017 862	1 008 522
2022年6月	1 097 818	10	100	1 000	1 115 639	1 078 457	1 106 470
2022年7月		11	121	1 331	1 201 023	1 132 855	1 228 238

图 3-10　预测未来数值

6) 评价并确定预测目标

多种趋势形状预测的数值虽然非常接近，但是最终选取哪个预测值作为最后设定的目标呢？可以通过计算平均平方差(MSE)，看看哪个方法的 MSE 数值小，就用哪个。

在 Excel 表格中，查找出计算平均平方差的公式，为 SUMXMY2。直接应用并计算出线性拟合的平均平方差为 1 494 619 041、987 685 850、605 926 132，如图 3-11 所示。

H13			f_x	=1111.73*E13-21442.13*D13+204070.12*C13+98252.03			
	A	B	C	D	E	F	G	H
1	时间	产品A销售额	时间序列	时间的平方	时间的三次方	线性拟合	2次方拟合	3次拟合
2	2021年9月	297 288	1	1	1	347 190	310 007	281 992
3	2021年10月	397 536	2	4	8	432 573	420 179	429 518
4	2021年11月	551 381	3	9	27	517 957	524 154	547 500
5	2021年12月	658 692	4	16	64	603 340	621 931	642 609
6	2022年1月	716 087	5	25	125	688 723	713 511	721 516
7	2022年2月	828 272	6	36	216	774 106	798 895	790 890
8	2022年3月	810 763	7	49	343	859 490	878 081	857 402
9	2022年4月	919 721	8	64	512	944 873	951 070	927 722
10	2022年5月	1 036 589	9	81	729	1 030 256	1 017 862	1 008 522
11	2022年6月	1 097 818	10	100	1 000	1 115 639	1 078 457	1 106 470
12				平均平方差		1494 619 041	987 685 850	605 926 132
13	2022年7月		11	121	1 331	1 201 023	1 132 855	1 228 238

图 3-11　预测值平均平方差

很明显，3 次方拟合的 MSE 值更小，应该选择 3 次方拟合的 1 228 238 为 2022 年 7 月份产品 A 销售额目标。

这种趋势拟合是进行趋势型预测的非常快捷的方法，其优点如下。

(1) 需要的数据少，只有几个数据也能预测。

(2) 能模拟曲线走势，不会出现方向性错误。

这个预测模型一般能够充分满足对建模的憧憬，但缺点也是很明显的，即不适合做长期预测，只适合做短期预测。

3.1.2　躺平型产品销售预测

躺平型产品销售预测的步骤可分为 5 步，如图 3-12 所示。

找出分析工具库	找出指数平滑	指标选择与设置	多指标预测	平均平方差评估

图 3-12　躺平型产品销售预测的步骤

示例：某商超销售业绩数据如图 3-13 所示，请预测其 2022 年 8 月的销售业绩。

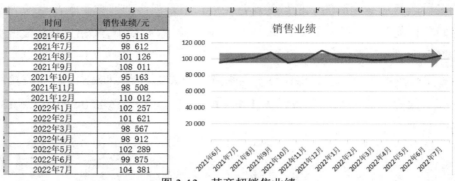

时间	销售业绩/元
2021年6月	95 118
2021年7月	98 612
2021年8月	101 126
2021年9月	108 011
2021年10月	95 163
2021年11月	98 508
2021年12月	110 012
2022年1月	102 257
2022年2月	101 621
2022年3月	98 567
2022年4月	98 912
2022年5月	102 289
2022年6月	99 875
2022年7月	104 381

图 3-13　某商超销售业绩

图 3-13 中的销售趋势线是平直的，可以看到商超销售业绩就是围绕 100 000 的线在波动，那么能直接按 100 000 去预测吗？答案是可以的。躺平型只要躺得够"平"，就可以用平均值来做预测值，也可以采用移动平均值法算出近 N 期的数据平均值作为预测值。

用指数平滑法需要使用 Excel 中的分析工具。

第一步，找出分析工具库。

首先，单击 Excel 表左上方的"文件"，再单击下面的"选项"，然后单击"加载项"，最后在加载项中选中"分析工具库"，如图 3-14 所示。

图 3-14　找出分析工具库

第二步，找出指数平滑。

在图3-14中，单击下方的"转到(G)..."按钮，选中图3-15中的"分析工具库"复选框，单击"确定"按钮，就能在上方工具栏中单击"数据"选项卡后，找到"数据分析"按钮。单击该按钮，就能看到各种常见的分析工具了，可在其中选择"指数平滑"，如图3-16所示。

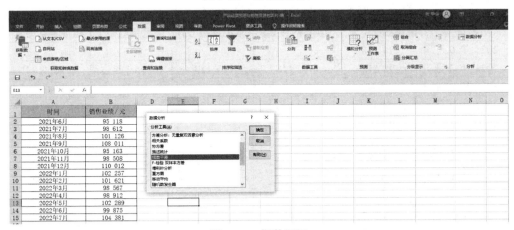

图 3-15 分析工具库

图 3-16 指数平滑

第三步，指标选择与设置。

做好数据处理，选择指数平滑方法。选择输入区域(B2:B15)，设好阻尼系数，可先设定阻尼系数为0.9，选择输出区域(C3:C15)，单击"确定"按钮即可形成阻尼系数为0.9的预测销售业绩，如图3-17所示。

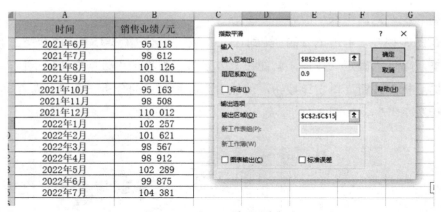

图 3-17　不同阻尼系数的预测

阻尼系数是什么？阻尼系数是一个 0 到 1 之间的数字，可以简单理解成：

(1) 阻尼系数越大，真实值权重越小，即历史情况参照意义越小；

(2) 阻尼系数越小，真实值权重越大，即历史情况参照意义越大。

第四步，多指标预测。

同理，按照同样的步骤设定不同的阻尼系数预测销售业绩值，比如设阻尼系数为 0.8、0.7、0.6，分别计算预测数据及 MSE 值，如表 3-2 所示。

表 3-2　不同阻尼系数的预测值和 MSE 值

时间	销售业绩（元）	阻尼系数 0.9	阻尼系数 0.8	阻尼系数 0.7	阻尼系数 0.6
2021 年 6 月	95 118				
2021 年 7 月	98 612	95 118	95 118	95 118	95 118
2021 年 8 月	101 126	95 467	95 817	96 166	96 516
2021 年 9 月	108 011	96 033	96 879	97 654	98 360
2021 年 10 月	95 163	97 231	99 105	100 761	102 220
2021 年 11 月	98 508	97 024	98 317	99 082	99 397
2021 年 12 月	110 012	97 173	98 355	98 910	99 042
2022 年 1 月	102 257	98 457	100 686	102 240	103 430
2022 年 2 月	101 621	98 837	101 000	102 245	102 961
2022 年 3 月	98 567	99 115	101 125	102 058	102 425
2022 年 4 月	98 912	99 060	100 613	101 011	100 882
2022 年 5 月	102 289	99 045	100 273	100 381	100 094
2022 年 6 月	99 875	99 370	100 676	100 953	100 972
2022 年 7 月	104 381	99 420	100 516	100 630	100 533
2022 年 8 月	预测值	99 916	101 289	101 755	102 072
	MSE 值	337 709 958	222 541 674	164 081 301	122 513 725

第五步，平均平方差值评估。

设定不同的阻尼系数预测的销售业绩值虽然非常接近但还是不同，最终选取哪个预测值作为最后设定的目标呢？可以通过计算平均平方差(MSE)值，看看哪个方法的 MSE 值小，就用哪个。

在 Excel 表格中，查找出计算 MSE 值的公式，为 SUMXMY2。直接应用并计算出线性拟合的 MSE 值为 337 709 958、222 541 674、164 081 301、122 513 725，如表 3-2 所示。

很明显，阻尼系数为 0.6 的 MSE 值更小，应该选择阻尼系数为 0.6 的预测值 102 072 为 2022 年 8 月份商超的销售业绩目标。

3.1.3　周期型产品销售预测

周期型产品销售预测的步骤可分为 4 步，如图 3-18 所示。

图 3-18　周期型产品销售预测的步骤

示例：某店铺销售业绩走势如图 3-19 所示，如何对 2022 年度的销售业绩做预测呢？

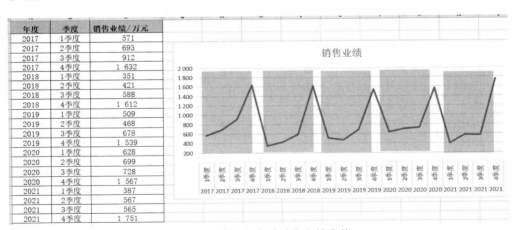

图 3-19　某线上店铺销售业绩走势

显然，店铺业绩是受季节影响的，周期性规律明显，其中第 4 季度是旺季。

这种走势不能直接用趋势线来模拟，模拟出的趋势线 R 平方值为 0，完全不能用。需要将数据改造成可以用趋势线模拟的形式。

第一步，数据改造。

需要通过数据处理，模拟出季节变化趋势，即为季节多元回归。增加时间序列，并把 4 个季度处理成数值，1 季度为 100，2 季度为 010，3 季度为 001，4 季度为 000，如表 3-3 所示。

这便是模拟了季节变化的时间趋势的周期规律，其他的周期循环也可以做类似处理后使用回归分析方法进行销售业绩预测。

表 3-3　季节变化的数据改造

年度	季度	销售业绩 / 万元	时间序列	1 季度	2 季度	3 季度
2017	1 季度	571	1	1	0	0
2017	2 季度	693	2	0	1	0
2017	3 季度	912	3	0	0	1
2017	4 季度	1 632	4	0	0	0
2018	1 季度	351	5	1	0	0
2018	2 季度	421	6	0	1	0
2018	3 季度	588	7	0	0	1
2018	4 季度	1 612	8	0	0	0
2019	1 季度	509	9	1	0	0
2019	2 季度	468	10	0	1	0
2019	3 季度	678	11	0	0	1
2019	4 季度	1 539	12	0	0	0
2020	1 季度	628	13	1	0	0
2020	2 季度	699	14	0	1	0
2020	3 季度	728	15	0	0	1
2020	4 季度	1 567	16	0	0	0
2021	1 季度	387	17	1	0	0
2021	2 季度	567	18	0	1	0
2021	3 季度	565	19	0	0	1
2021	4 季度	1 751	20	0	0	0

第二步，进行回归分析。

季节多元回归，也适用回归分析。回归分析的路径为：单击"数据"，并在数据的栏目下的右侧单击"数据分析"，再找到并单击"回归"，打开"回归"

文本框，详见图 3-20。输入参数：将销售业绩作为"Y 值输入区域"，时间序列和改造后的季节周期规律一并作为"X 值输入区域"，选中"输出区域"单选按钮，最后，单击"确定"按钮，即出现了回归分析。

图 3-20　回归分析

第三步，解读分析数据。

输出回归分析结果，如图 3-21 所示，并进行分析如下。

(1) R 平方值越接近 1 越好，最低不得小于 0.6。本案例分析的 R 平方值为 0.95，说明回归的拟合度非常好。

(2) P 值越小越好，本案例分析的各个参数的 P 值，除了 $x1$ 以外都是 0，很好。

SUMMARY OUTPUT

回归统计	
Multiple R	0.97
R Square	0.95
Adjusted R Sq	0.94
标准误差	120.91
观测值	20.00

方差分析

	df	SS	MS	F	Significance F
回归分析	4.	4 135 051.5	1 033 762.88	70.71	.
残差	15.	219 290.7	14 619.38		
总计	19.	4 354 342.2			

	Coefficients	标准误差	t Stat	P-value	Lower 95%	Upper 95%	下限 95.0%	上限 95.0%
Intercept	1652.15	78.82	20.96	0.00	1484.14	1820.16	1484.14	1820.16
X Variable 1	- 2.66	4.78	- .56	.59	- 12.85	7.52	- 12.85	7.52
X Variable 2	- 1 138.99	77.8	- 14.64	.	- 1 304.82	- 973.15	- 1 304.82	- 973.15
X Variable 3	- 1 055.93	77.07	- 13.7	.	- 1 220.19	- 891.66	- 1 220.19	- 891.66
X Variable 4	- 928.66	76.62	- 12.12	.	- 1 091.97	- 765.35	- 1 091.97	- 765.35

图 3-21　回归分析结果

所以模型可用，可得到的回归方程式为

$$y = 1\,652 - 2.66 \times 时间序列 - 1\,139.99 \times x1 - 1\,055.93 \times x2 - 928.66 \times x3$$

第四步，预测业绩数值。

要预测下个年度 2022 年 4 个季度的销售业绩，可以增加一个周期 4 行，然后代入公式即可得到 2022 年 1 季度为 512 万元，2 季度为 596 万元，3 季度为 723 万元，4 季度为 1 652 万元，如图 3-22 所示。

			fx	=1652-1139.99*E25-1055.93*F25-928.66*G25		
	A	B	C	D	E	F	G
1	年度	季度	销售业绩	时间序列	x1	x2	x3
2	2017	1季度	571	1	1	0	0
3	2017	2季度	693	2	0	1	0
4	2017	3季度	912	3	0	0	1
5	2017	4季度	1 632	4	0	0	0
6	2018	1季度	351	5	1	0	0
7	2018	2季度	421	6	0	1	0
8	2018	3季度	588	7	0	0	1
9	2018	4季度	1 612	8	0	0	0
10	2019	1季度	509	9	1	0	0
11	2019	2季度	468	10	0	1	0
12	2019	3季度	678	11	0	0	1
13	2019	4季度	1 539	12	0	0	0
14	2020	1季度	628	13	1	0	0
15	2020	2季度	699	14	0	1	0
16	2020	3季度	728	15	0	0	1
17	2020	4季度	1 567	16	0	0	0
18	2021	1季度	387	17	1	0	0
19	2021	2季度	567	18	0	1	0
20	2021	3季度	565	19	0	0	1
21	2021	4季度	1 751	20	0	0	0
22	2022	1季度	512	21	1	0	0
23	2022	2季度	596	22	0	1	0
24	2022	3季度	723	23	0	0	1
25	2022	4季度	1 652	24	0	0	0

图 3-22　预测 2022 年 4 个季度的销售业绩

3.2　基于因果关系的预测

因果关系预测是利用事物发展的因果关系来推测事物发展趋势的方法，一般根据过去掌握的历史资料找出预测对象的变量与其相关事物的变量之间的依存关系，建立相应的因果预测的数学模型，然后通过对数学模型的求解进行预测。

3.2.1　线性回归预测

对于连续型问题，线性回归方法特别适合多元因素影响的因果逻辑关系的预测。例如，某公司多年来的销售收入，营销投入和销售人员数量的数据统计如表 3-4 所示，求销售收入与营销投入和销售人员数量的数量关系，以便根据销售目标和资源情况，酌情调整资源投入比例。

本案例实际是在考虑营销投入和销售人员数量对销售收入的影响，回归出预测公式，之后输入下一期的营销投入和销售人员数量，即可预测得出销售收入。

表 3-4　某公司近年销售数据

时间序列	销售收入 / 万元	营销投入 / 万元	销售人员数量
1	233	25.3	159
2	238	25.7	162
3	257	27.3	167
4	265	29.1	170
5	272	29.5	172
6	275	29.8	174
7	288	30.9	177
8	298	31.7	180
9	305	32.8	185
10	311	34.2	188

本回归分析既可以使用 SPSS 统计软件，也可以使用 Excel 软件进行回归分析。使用 Excel 软件进行回归分析的路径为：单击"数据"，并在数据的栏目下的右侧单击"数据分析"，再找到并单击"回归"，打开"回归"文本框。输入参数：将销售收入作为"Y 值输入区域"，营销投入和销售人员数量作为"X 值输入区域"，最后，单击"确定"按钮，即得出回归分析结果，如图 3-23 所示。

SUMMARY OUTPUT					
回归统计					
Multiple R	0.99				
R Square	0.99				
Adjusted R Squar	0.99				
标准误差	3.21				
观测值	10.00				
方差分析					
	df	SS	MS	F	Significance F
回归分析	2.00	6 381.69	3 190.85	310.61	0.00
残差	7.00	71.91	10.27		
总计	9.00	6 453.6			
	Coefficient	标准误差	t Stat	P-value	
Intercept	-125.38	84.56	-1.48	0.18	
X Variable 1	3.80	3.44	1.10	0.31	
X Variable 2	1.66	1.07	1.55	0.17	

图 3-23　回归分析结果

以上输出回归分析结果，分析如下。

R 平方值为 0.99，说明回归的拟合度非常好。

可得到的回归方程式为

$$Y=-125.38+3.8\times x1+1.66\times x2$$

其中，$x1$ 是营销投入；$x2$ 是销售人员数量。

一般情况下，销售业绩怕的是突然暴增/暴跌的场景。销售的实际值很难与预测目标 100% 匹配，产品销售要 100% 精准预测基本无解，但是发现哪里可能暴涨/暴跌是很容易的。通过基础分析，把不稳定因素区分出来，能大大降低预测问题的难度。

所以，产品经营预警的预警值是一个范围，超出范围才开始预警。一般实际销售额偏离范围在预测目标的 ±10% 之内都是正常的，在正负 10% ~ 20% 是一般预警，超过 ±20% 是重点预警。

3.2.2 滚动式长期预测

有时候需要进行长周期预测，长则一年，短也有一个月。预测时间太长，前期能收集的数据很少，因此非常难预测准确。

用滚动预测能在很大程度上弥补这个缺点。通过日、周、月、年等滚动预测，既能补充数据缺失，又能反映业务方临时调整带来的效果，一举两得，如图 3-24 所示。

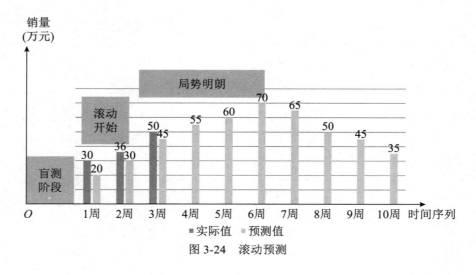

图 3-24 滚动预测

滚动预测一般分为三个阶段。

1. 盲测阶段

新产品未上市或没有订单，此阶段还没有数据，只能凭经验盲测，这个阶段的预测一般准确度不高，只能凭直觉判断产品畅销或不畅销。

2. 滚动开始

从有了实际销量开始，这个阶段就有数据了，能修正盲测阶段数据并开始看出周期规律，可以尝试利用多种相关预测方法（例如因果关系预测）进行预测。

3. 局势明朗

有了一定的数据统计结果，可以利用更加确定的规律性数据模拟预测，预测的数值更加准确。

3.2.3 预测目标确认

产品的销售目标预测方法是在条件不变的基础上进行预测的，产品的实际销售额与销售团队能力、工作积极性、目标激励、竞争对手等多个因素有关。

为了实现产品销售预测目标，销售团队的认可、资源投入和营销策略实施的匹配性很重要。所以，销售目标预测人员与区域经理共同预测，并结合营销手段和资源投入策略预测下一年度销售目标是一种好方法。根据影响因素和时间周期规律分解销售目标到每个月或每周中，形成产品经营的"轨道"，有利于产品经营预警的实施。

这是第4章介绍的W型目标确定法的基础，即通过产品运行规律做预测并进行产品规划，帮助销售人员找到增长点，制定增长措施和销售目标，使销售人员敢于立军令状，提升销售业绩。

公司与销售团队负责人共同预测并确认销售目标，并立军令状，这样所有相关业务方不会再质疑预测结果。

立军令状的好处：能够让销售实施团队参与进来，能把销售预测目标与目标的实施路径、资源投入、实施方法和策略结合起来，提升销售目标实现的可能性。立军令状的逻辑如图3-25所示。

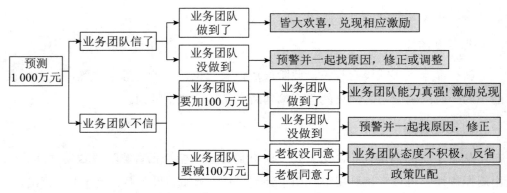

图 3-25 立军令状的逻辑

预测目标军令状的实施，能够区分哪些结果是业务团队具体实施导致偏离的，哪些是预料之中的，对于失误，事后追责能够清清楚楚。同样，业务团队能够完成预测目标，公司对之进行激励兑现也是有据可查的。这样能够推动业务团队与其他部门合作，让业务团队围绕预测结果开展营销业务，有利于提升公司的销售业绩，实现公司与销售团队的共赢。

3.3　基于业务逻辑的预测

业务逻辑推演就是每个部门提出自己对下一阶段的业务及指标走势的看法，形成假设。验证假设并排除不合理假设，基于假设推算最终业绩数据目标。业务推演预测的优势是业务人员高度参与业务逻辑的推理和预测中，充分考虑实际业务中可能出现的问题，提高预测目标的可实现性。

业务逻辑推演的业务拆解，可把一个核心指标拆解成一些二级三级指标，如图 3-26 所示。营业收入 = 用户量 × 用户活跃率 × 产品渗透率 × 产品收入；而用户量 = 新用户量 + 老用户留存 - 用户流失；同理，用户活跃率、产品渗透率、产品收入等都可继续拆解成三级指标。

原则上，要预测的指标越少越好，越宏观越好，对于销售额这种一级宏观指标，建议尽量预测最关键的一级宏观指标，最多预测到二级指标。如果预测到三级指标，最后加总起来就会误差叠加误差，导致最终结果的准确度降低，预测失真。

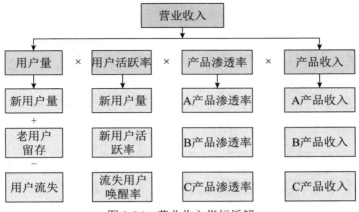

图 3-26 营业收入指标拆解

业务逻辑推演预测就是把整体目标拆解到各个部门，明确各部门的 KPI。围绕公司给出的大目标，各个部门看自己团队需要投入多少资源，实施怎样的策略和执行哪些主要推广活动，才能实现这个目标。如果业务部门通过分析和拆解数据发现目标不合理，可以听取业务部门意见，结合激励政策做微调。这样下一年各部门的目标管理就有了参照值，能很容易跟踪指标走势，发现问题，对超出预警范围的情况进行预警管理。

例如，某公司的产品销售额可以分解为新用户消费额和存量用户消费额。新用户主要由推广部门承接任务，销售额受新用户获取量、激活率和人均消费额影响，通过往年数据可以预测其销售收入目标，该目标可以分解成新用户消费的 6 亿元和存量用户消费的 9 亿元，业务逻辑推演预测如图 3-27 所示。

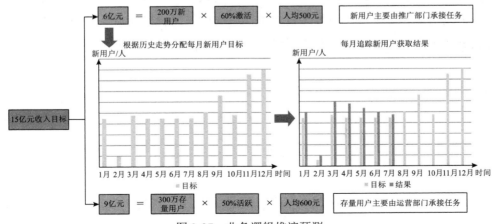

图 3-27 业务逻辑推演预测

　　在编制营销费用投入预算中，通过与业务部门推广团队的沟通、讨论分析，得出各主要渠道人均获客成本已经大幅上升，假设 1 中人均获客成本 100 元的数据支撑不充分，未来的竞争更加激烈，按原预算很难完成任务，建议在不减少销售目标的前提下增加营销资源投入，人均获客成本从 100 元提高到 110 元，营销预算费用由 2.0 亿元增加到 2.2 亿元，在原预测目标不调整的条件下，营销费用预算应该增加 0.2 亿元，如图 3-28 所示。

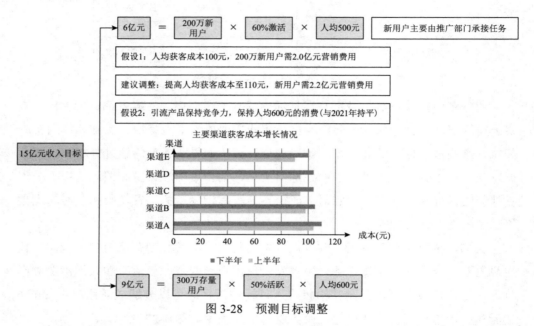

图 3-28　预测目标调整

　　做年度销售目标的预测，本质上是在平衡领导期望与业务部门实现能力，所以既需要考虑领导期望，还要考虑业务部门的业务逻辑以及市场竞争、过往经验等因素，这不是简单建立一套模型就能完成的工作。

第 4 章
产品销售目标规划

* * * * *

在年底，我们经常可以看到这样一幅场景：公司的高管们聚在一起开年度闭门会议，会议气氛异常紧张，最终大家达成了共识，CEO(首席执行官) 最后宣布会议决议：本年度我们公司的目标是完成一个全新的挑战——完成 5 亿元的销售额，比去年增长 25%，请各个部门按这个总目标，呈报自己的目标。

于是，运营副总裁召集人员开部门会议，把部门目标再层层分解下去。最终细化到每一个销售代表，其目标是这样的：每天打 100 个销售电话，每周拜访 10 个客户。

对于 CEO 来说，目标不可谓没有挑战性——他意识到：在市场放缓的基础上，要带领公司实现这样的增长，这意味着面临艰巨的挑战。

宣传工作不可谓不到位——召开了动员大会，给公司全体员工发送了邮件，将目标制成横幅张贴在会议室、办公室，甚至整个厂区，时刻提醒员工公司的目标是什么。但 CEO 看起来雄心勃勃的目标，年底能不能实现呢？

运营过程：在接下来的运营管理中，重视营销数据的分析，每个月底召开月度分析会，加强对销售业绩不好员工的培训，时刻关注竞争对手的营销策略并做出针对性调整，销售大区的总监定期和不定期暗访销售策略的执行情况。

结果：到了年底只完成了 4.1 亿元的销售额，增长率不是 25% 而是 2.5%，虽然是增长了，但比起行业平均增长率 5% 还差不少。与年初制定的 5 亿元目标相去甚远。在年底分析会上，销售部总经理说，如果年初所有的销售大区都按照A区域的推广策略执行，B、C、D等几个区域像A区域一样实现35%的增长率，那是完全能够实现5亿元目标的，甚至还能超额完成任务，但现在为时已晚。

大部分企业一到年底制定下一年度销售目标时，一场斗智斗勇的大戏便拉开大幕！年度销售目标不是儿戏，关系到公司长期发展。制定目标时一般要求有依据、有路径、有方法，目标高了，下属完不成，影响积极性；目标低了，老板不满意。

科学制定与营销策略和投入相匹配的产品销售目标，产品营销过程中实行产品经营预警，可有效防止浪费市场机会，实现有效增长。

4.1　制定年度销售目标的常见问题

1. 销量是唯一的销售目标

销量不是唯一的销售目标，制定销售目标时，不要一味地追求销量，过分追求销量往往会造成"市场自杀"。

所以，年底制定的销售目标不仅仅是销量目标，还有一系列相关的目标，包括利润目标、人才发展目标、管理目标，需要制定一个企业综合发展的目标。

特别重要的是销售目标不能是由领导一拍脑袋得出的一个理想数值，而是要根据内外部环境和销售规律分析得出的可实现的目标，并且分解这个销售目标是哪些产品、在哪些区域和渠道实现的，分别是多少，制定保障各个产品、区域和渠道实现预定销售目标的策略、方法和路径。

2. 制定的目标不切实际

只考虑去年的销量，不考虑市场行情，社会经济动态，竞争对手和各个产品、区域和渠道的销售规律；只考虑销售业绩，不认真分析业绩是怎么来的，从哪些客户群、产品、区域和渠道来，哪些是增长因素，哪些是降低因素，这样制定出来的目标往往是不切实际的。

制定销售目标时，不能只凭公司上层领导的主观判断，还要综合考虑公司的产品、区域和渠道。所以，应该深度分析，增量来源于哪些客户、哪些区域、哪些渠道、哪些产品和产品线。

3. 目标决策成了老板的一言堂

老板制定的目标大多取决于他的经验、理想和大局观，仅凭直觉定的目标，往往是不现实的。

应该根据市场环境状况（市场潜力和增长率）、公司产品和品牌的竞争地位，确定每个产品的发展定位，得出产品的销售逻辑，并根据公司的资源和能力，投入相关的资源，确定运用什么样的销售策略，制定什么样的销售目标。

4. 只有销售目标而没有设定发展轨道，产品的经营预警与监控没有依据和标准

大多数公司只制定了全年的销售目标，没有根据销售规律层层分解到每个月、每周、每个部门、每个产品和区域。虽然也有月度和季度销售过程管理和销售分析，但因为没有相对应的"发展轨道"和控制节点标准，只能进行全维度和全问题分析，没有产品经营预警和监控，工作量比较大并且没有针对性。只分析当前的市场情况，不知道到年底是否能够完成预定目标，具体能够完成多少。

研究产品发展规律并设定"发展轨道"和监控节点，在过程中进行监控，对异常情况进行预警并分析原因，及时修正，有利于实现年初制定的目标。

火箭升空的过程中，大部分的时间都在根据数据反馈不停地修正飞行轨迹，所以，一个好的公司在一年的产品销售运营中，也应该时刻监控产品在各区域中的销售情况，对异常销售情况进行系统分析，挖掘深层次的原因，根据销售问题和竞争对手的竞争策略针对性调整公司的销售策略，从而保证预定销售目标实现，不能到年底才进行分析和调整。

4.2 销售目标制定思路

4.2.1 公司销售目标影响因素分析

在制定年度销售目标的时候，我们应该系统研究与分析公司的外部市场条件、公司在该区域的竞争地位、公司往年的销售数据和产品所处的生命周期阶段。

1. 公司的外部市场条件

根据行业环境测算公司产品在所销售范围内的市场潜力、行业增长率、竞争激烈程度，这些外部市场条件会影响到公司产品在该区域的成长能力。在其他条件不变的情况下，市场潜力越大、行业增长率越高的区域下一年的增长目标也应该越高，而竞争激烈程度越低的区域，自己的产品竞争力越强，销售目标也应该越高。

2. 公司在该区域的竞争地位

销售目标还与公司前一年在该区域的竞争地位有极大关系，如果公司产品的市场份额大、影响力强、比竞争对手的产品更有竞争力，那么公司在该区域就有了良好的基础。在制定销售目标之前，应该对公司的产品系统进行综合评估，结合公司在该区域的战略定位、资源投入和营销策略制定下一年的销售目标。

3. 公司往年的销售数据

最好能把近三年的销售数据统计整理出来，对每一年的数据都进行分析，包括业绩增长的原因和下降的原因，找出关键因素，剔除异常增长因素，如有一年忽然接了一个大订单，造成业绩大涨，这种因素要剔除掉。

应根据以往的销售数据分析产品的销售自然周期规律，并利用这些规律制定营销策略，做好客户管理和产品销售管理工作，使销售目标既符合实际也能充分利用市场规律。

4. 产品所处的生命周期阶段

产品是有生命周期的，不同产品在某个区域所处的生命周期阶段不同，其成长的规律也不同。我们应该首先按照产品生命周期的阶段特征，判断各个产品所处的生命周期阶段，制定单个产品的销售目标，把各个产品销售目标加总即为该区域的年度销售目标。

管理者在制定目标的时候，既要科学合理，又要去帮助员工把实现目标的路径(即销售目标在哪些产品、区域和渠道上实现，营销策略是什么样的)设计出来，越清晰越明确越好。如果只给员工目标值却不给实现路径，这个目标制定往往是不成功的。

4.2.2　销售目标的层次

未来的销售工作是在瞬息万变的市场环境中进行的，并且影响产品销售的因素很多。客户需求变化、市场上出现替代的新产品、竞争对手策略调整、公司资源投入或销售人员变动等各种问题都会影响到销售目标的实现。所以，制定销售目标时不能只定一个，正常情况下，至少要设定三个层次的目标，即基本目标（及格目标）、正常目标（满分目标）、挑战目标（努力目标）。

基本目标就是一定要实现的目标，目标值较低，如果实现则在产品经营预警管理中定为 90% 完成；正常目标就是通过大家的努力，基本上可以实现的目标，如果实现则在产品经营预警管理中定为 100% 完成；挑战目标就是较难达到，但尽力而为，也有机会实现的目标，如果实现则在产品经营预警管理中定为 110% 完成。

4.3　基于 W 流程制定销售目标

产品销售目标是公司年度发展的灯塔，是指引公司管理工作的准绳。所以，公司产品销售目标的科学性、准确性和可实现性非常重要。

如何正确制定公司的年度销售目标呢？如何保证目标能够实现呢？应以公司战略目标为依据，结合公司目前的资源与实力，将战略目标分解到公司各产品线、产品、区域和渠道 4 个方面。这 4 个方面目标的制定依赖于公司各销售区域相关信息、数据的收集和产品营销周期规律的掌握和利用，我们以下一年区域目标为例，系统阐述制定销售目标的方法。

1. 公司高层的引领

公司高层根据公司的长期发展战略，结合公司当前情况制定下一年度的产品销售目标。公司产品规划人员可参考《产品战略规划》中"公司级产品战略分析"中的产品 SPAN 分析模型，系统分析公司级产品线、区域和渠道的产品 SPAN 分析地图，确定公司的"7（聚焦）、2（重点突破）、1（布局）"的产品战略定位，制定产品的营销策略，并结合近三年的产品销售情况和自然周期规律，参考公司滚动目标制定下一年目标，并指导各产品线、区域和渠道营销团队制定各自的下一年度目标。

公司产品战略目标是对公司愿景的具体化，通常体现在公司的相关经济指标中。结合公司愿景与目前实际运营状况，产品战略目标可以按时间分为：当前目标 (1 年)、短期目标 (1 ～ 3 年)、中期目标 (3 ～ 5 年) 和长期目标 (5 年以上)，如图 4-1 所示。每一个阶段的目标可以落实到公司的产品、销售区域和渠道等维度。

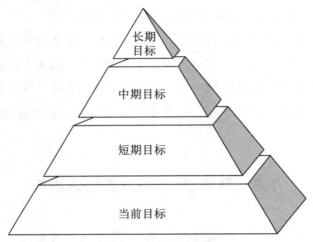

图 4-1　产品战略目标

公司目标具有引导、激励、整合等功能，它通过明确各时间段、各区域的目标，动员每个员工参照公司目标设定自己的发展目标，将自己的职业发展同公司发展有机结合，统一公司员工行动，从而提高工作效率，提升公司形象，最终实现公司的愿景。

公司产品战略规划人员，根据产品生命周期规律、产品运行周期规律和近三年的产品运营数据，制定公司下一年度的产品销售目标，并将产品销售目标分解细化。

产品目标细化是将产品战略目标具体细化到公司的各产品、产品线、区域和渠道方面，主要是对未来三年的销售目标进行分解。其可以作为未来资源分配的重要依据。对以后几年的产品目标细化主要是采用滚动修正目标法，每到年底时，根据前一年的目标完成情况，进行滚动修正。

1) 公司产品线目标细化

根据《产品战略规划》里面介绍的产品 SPAN 战略分析模型，721 产品定位方法和产品生命周期理论，产品经理分析每个产品线和核心产品的增长率。

通过分析公司的战略目标，预测未来三年各产品线和核心产品的增长率，可制定公司各产品线的销售目标（细化为销售额、增长率和贡献率等指标），如表 4-1。最终明确公司销售目标的主要承担者是哪些产品线，并据此分配公司的资源。

表 4-1 公司产品线销售目标细化

时间	产品线 1			产品线 2			产品线 3			……	合计	
	销售额	增长率	贡献率	销售额	增长率	贡献率	销售额	增长率	贡献率		总销售额	平均增长率
T+1												
T+2												
T+3												

2) 公司核心产品目标细化

通过分析公司的战略目标，预测未来三年各核心产品的销售增长率，可制定公司核心产品的销售目标（细化为销售额、增长率和贡献率等指标），如表 4-2。最终明确公司销售目标的主要承担者是哪些核心产品，并据此分配公司的资源。

表 4-2 公司核心产品销售目标细化

时间	核心产品 1			核心产品 2			核心产品 3			……	合计	
	销售额	增长率	贡献率	销售额	增长率	贡献率	销售额	增长率	贡献率		总销售额	平均增长率
T+1												
T+2												
T+3												

3) 公司区域目标细化

根据《产品战略规划》第 5 章中的区域 SPAN 战略分析模型与 721 的区域定位方法，结合区域的产品战略地图（详见图 2-12)，制定每个区域的发展目标及其发展路径。

通过分析公司的战略目标，预测未来三年各区域的销售增长率，可制定公司各区域的销售目标（细化为销售额、增长率和贡献率），如表 4-3 所示。最终明确公司目标的主要承担者是哪些区域，并据此确定产品经营预警的主要对象。

表 4-3　公司区域销售目标细化

时间	区域 1			区域 2			区域 3			……	合计	
	销售额	增长率	贡献率	销售额	增长率	贡献率	销售额	增长率	贡献率		总销售额	平均增长率
T+1												
T+2												
T+3												

4) 公司渠道目标细化

通过分析公司的战略目标，预测未来三年各渠道的销售增长率，可制定公司各渠道的销售目标（细化为销售额、增长率和贡献率），如表 4-4 所示。最终明确公司目标的主要承担者是哪些渠道，并据此确定渠道经营预警的重点。

表 4-4　公司渠道目标细化

时间	渠道 1			渠道 2			渠道 3			……	合计	
	销售额	增长率	贡献率	销售额	增长率	贡献率	销售额	增长率	贡献率		总销售额	平均增长率
T+1												
T+2												
T+3												

2. 区域销售目标制定

同理，各销售区域的大区总监负责带领区域人员根据《产品战略规划》中产品 SPAN 分析模型，系统分析区域级产品线、子区域和子渠道的产品地图，确定本区域产品、子区域和子渠道的 721 战略布局，制定相应的营销策略，并结合本区域近三年的产品销售情况和生命周期规律，参考公司下达的滚动目标制定本区域下一年度各个产品在子区域、子渠道的销售目标，甚至指导本区域下一级子区域各产品线、区域和渠道制定各自的下一年度销售目标。

有时候，销售大区还需要继续细分销售区域并分解子区域的销售目标。进一步分析下一级销售区域的产品战略地图，制定下一级区域的产品、渠道等的721战略布局，各子区域的销售目标、销售策略、资源投入计划和相应的评价标准。

3. 公司销售目标修正

公司收集到各个区域根据自己的实际运营规律和状况制定的销售目标后，将其合并成公司级的销售目标。通过公司高层战略讨论、评审，并根据战略资源的重点投入制定各个区域和产品线的发展策略，修正公司级和各个区域、产品线的销售目标。

4. 平衡并确定销售目标

公司总经理或公司营销副总根据公司级战略资源投入策略、公司发展目标，与各个营销大区总监和产品线总经理共同核定、确认各区域的销售目标，共同确认与销售目标相匹配的战略定位、营销策略和资源投入计划，并签订目标责任书。

这里需要强调以下几点。

(1) 在平衡并确定各个区域或产品线的年度目标时实事求是，有时候要做减法，不是所有的销售区域、所有的产品线都一定增长。

(2) 区域总监与领导就销售目标进行沟通时，主要是讨论资源和策略的匹配程度，需要公司给予哪些支持，及销售目标的可实现性。

(3) 目标分配时务必面对面沟通清楚，一是要对目标实现的合理性和实现途径达成共识，二是要对目标完成的方法和策略达成共识。

5. 发布区域销售目标并监督执行

公司发布经修订和确认后的区域销售目标，并进一步将区域销售目标进行分解，通过产品经营预警体系监控各区域执行情况；分析出现异常的原因并及时进行预警与修正，保证区域销售目标的实现。

在各区域销售目标发布之前，参照公司销售目标对各区域和各子区域目标进行多次修改，区域销售目标确定流程如图4-2所示。

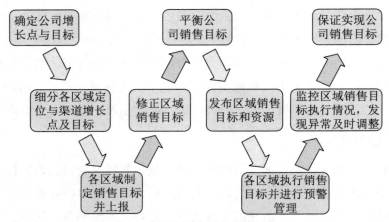

图 4-2　区域销售目标确定流程

具体清晰的目标，科学的发展路径，有利于企业的良性发展。

4.4　产品发展轨道设计

4.4.1　产品发展轨道设计的指标

产品发展轨道设计为产品经营预警管理提供依据，所以，产品发展轨道可以作为公司 KPI 指标的一部分。如果公司制定了科学、合理的 KPI 发展指标，详见表 4-5，也可以从中提取一些有关产品发展轨道设计的指标。

产品发展轨道设计的指标主要包括产品销售轨道指标、利润指标、成本控制指标、区域发展轨道指标、渠道轨道指标、资源投入指标、销售团队成长指标等，值得注意的是每个指标都必须有时间节点的控制指标。不同公司可以根据自己的发展目标和运营实际设计自己公司产品发展轨道的指标。

表 4-5　公司级 KPI 指标

公司战略目标		业界典型战略指标
一、业绩指标	扩大公司规模	销售收入及增长率
	提高可持续发展能力	新产品、新客户在销售中的比例
	提升公司利润和效益	人均创利及增长率
	提高公司管理水平，提高内部运作效率	人均成本及降低率

(续表)

公司战略目标		业界典型战略指标
二、核心竞争力指标	提升队伍能力	员工满意度指标
	提高员工满意度	企业文化建设指标
	构建良好的企业文化	任职资格提升率
三、根据公司价值导向和以往存在问题制定的指标	根据公司年度价值导向和以往存在问题制定具体指标，一般为该年的工作重点	重大事件和关键项目管理指标
		执行力指标
		销售渠道管理指标
		研发产品线队伍建设指标
		品牌及战略地位指标
		国际化指标
		变革管理指标

一般情况下，公司要监控哪些指标，就应该在产品经营发展轨道设计时考虑到并设计好时间的关键节点，以便在关键节点时监控异常情况，分析并提出相应的整改措施。

产品发展轨道的指标主要是参考公司制定的各产品线、核心产品、区域和渠道的发展目标，结合产品的发展阶段和周期规律进行设计。对于产品自然发展周期规律的研究越准确，产品发展轨道的指标也就设计得更加符合实际，产品经营预警体系就更加能够辅助产品成长，从而实现公司的战略目标，也就是说，产品发展轨道设计就是为产品发展预设路径，并在关键时间节点上监控其是否按照预设的路径发展。

如果没有清晰的产品经营目标，发展路径不清晰，评价标准体系不明确，也就没有清晰的权责范围及清晰的评价标准。产品经营预警是制定清晰的产品发展目标，然后设计产品发展轨道，监控并驱使产品良性发展。

4.4.2 产品发展轨道设计的流程

产品发展轨道设计的流程包括以下 6 个方面，如图 4-3 所示。

确定产品发展轨道指标	分析产品发展轨道指标的规律	确定轨道的时间节点指标	多维度拆解监控指标	分解基于产品销量的其他监控指标	讨论并修正轨道指标

图 4-3 产品发展轨道设计的流程

1. 确定产品发展轨道指标

根据企业所处的行业和公司实际需求，确定产品经营预警体系所需要的产品发展轨道指标。

2. 分析产品发展轨道指标的规律

基于年度产品销售目标，分析产品发展轨道指标的成长周期规律及其所属类型。

3. 确定轨道的时间节点指标

把产品销售目标分解到每月或每周，并且确定时间节点的具体数值，作为产品经营监控预警的依据。

4. 多维度拆解监控指标

按照公司的产品营销体系，从产品线、区域和渠道几个维度进一步拆分各项指标，为运营中跟踪目标完成情况和异常情况分析提供详细的路径。

5. 分解基于产品销量的其他监控指标

分解基于产品销量的其他监控指标，例如市场体系指标、人力资源指标、财务指标等。把产品预警指标，分解到各个部门，明确每个部门的责任。

6. 讨论并修正轨道指标

公司高层与各个销售大区或渠道总监，共同讨论、修正各项监控指标，充分听取各主要负责人的意见，提升产品经营预警体系的科学性和合理性。

同理，各个区域和渠道的销售目标也可根据区域特点、产品销售运营规律和针对竞争对手的营销策略，设计出各个产品的在每个子区域、子渠道的发展轨道指标，作为产品在本区域和渠道的预警与监控依据。

第 5 章
产品经营预警体系

* * * * *

预警是指在灾害及其他危险发生之前，根据以往总结的规律或观测得到的可能性前兆，向相关部门发出紧急信号，报告危险情况，以避免危害在不知情或准备不足的情况下发生，从而最大限度地减小危害所造成的损失的行为。一般可分为安全预警、危机预警、财务预警。本书将借助预警的相关理论和原则，建立企业的产品经营预警体系，以助推产品科学、最大化成长，进而实现企业的高质量发展。

5.1　产品经营预警的好处

产品经营预警将给企业带来如下好处。

(1) 帮助企业及时发现并有效地控制产品经营过程的各种风险。

(2) 产品经营预警体系能够及时找到企业运营问题的根源，对事、对市场和财务负责，而不是对人和部门负责，有助于打破部门间的壁垒，确保产品目标实现。

(3) 能够有效把领导从琐碎的小事中解放出来，关注企业和产品发展的大事。

5.2　产品经营预警内容及框架

企业产品预警就是定好了产品经营目标，设计好了发展轨道，准备好了资源投入和策略，然后时刻监控产出结果，对于超出预警范围的产品指标进行深度分析，并修正资源投入和策略保证产品发展回到既定轨道。想要分析清楚产品经营状态，就得把这些产品经营过程的信息，转化为可以用数据度量的内容。

5.2.1　产品经营预警内容

产品经营预警内容包括 5 个基本部分。

1. 负责部门

产品经营指标怎么衡量，谁对产品经营指标负责。

2. 目标完成度监控

在产品成长过程中的每个关键时间节点，是否按照计划完成了产品的经营目标，哪些产品、区域和渠道大大地超出（正向或负向）了规定范围，构成了预警可能的影响有哪些。

3. 问题分析

根据业务逻辑关系，分析超出预定目标的深层次原因。

4. 提出并执行优化方案

根据原因分析，制定应对方案，使产品发展回到预定轨道，或重新设计新的发展轨道，同时实施奖惩措施。

5. 重点监控修正方案

继续定期监控并预警产品运营情况，及时分析并制定相应的措施，保证年初制定目标实现。

有了产品经营预警体系，公司高层领导，特别是总经理就可以从公司运营的日常琐事中解放出来，重点关注当前产品经营的异常情况，从而及时修正并推动下一步的决策，保证产品目标实现。

设计并正确运营产品经营预警体系，能够及时准确挖掘出公司运营的深层次关键问题，聚焦关键点。

5.2.2 产品经营预警措施

产品预警措施包括预警级别、级别定义和预警措施内容等方面，如表 5-1 所示。一般产品预警级别包括两个层次：严重预警和预警。目标正负偏离在 10% 以内的一般属于正常状态；目标正负偏离在 10%～20% 时，属于预警范围，应该深入挖掘偏离目标的原因并及时采取措施；如果目标正负偏离超过 20%，属于严重预警，应该采取强有力的措施进行更正，此时往往可能需要更换负责人。

表 5-1 产品预警措施

预警级别	级别定义	预警措施内容（往往通过集体讨论形成决议）
严重预警	>20%	1. 说明原因，并提出改进措施 2. 控制费用额度 3. 取消人力资源部的审批权 4. 人力资源与骨干员工进行交流，进行组织氛围调查 5. 人力资源部要参与监控部门绩效管理过程 6. 部门负责人要向总裁办公会述职并接受质询 7. 加大部门领导和部门员工的绩效工资比例 8. 取消正常假期甚至封闭办公 9. 骨干领导脱产培训等
预警	10%～20%	

5.2.3 产品经营预警的处理原则

(1) 深入分析原因，逐级加大处理力度。例如只完成预期目标的 80%～90%，第一个月的处理方式为：销售大区总监参与分析原因，当月制定整改措施，销售总经理签字；如果第二个月还只完成预期目标的 80%～90%，则由总经理参与分析原因，并参与制定更高强度的整改措施；如果第三个月还是没有达到预期目标，属于预警范围，那么更换区域经理。

(2) 预警程度不同，参与的级别和层次不同。如果当月业绩低于预期目标的 90%，则直接由销售总经理参与分析原因，制定整改措施，公司总经理签字，防止贻误市场销售机会；如果当月业绩低于预期目标的 70%，总经理参与分析原因，并做出重大调整。

(3) 只要明显偏离目标就进行预警。如果正向偏离目标大于 10%，也要进行预警，分析原因。如果因市场环境变化更有利于公司产品的发展，则也要采取更有力的措施，继续提高产品销售额，包括增加对本区销售团队的激励政策。

5.2.4　产品经营预警框架

产品经营预警框架，是指产品经营的直接关联预警图，也就是指能够直接影响产品销售的相关部门及其逻辑关系图，一般包括人力资源体系、销售体系、市场体系、财务体系、商务体系、研发体系等，如图 5-1 所示。

图 5-1　产品经营预警框架

下面就人力资源体系、市场体系、财务体系、商务体系和产品研发体系对产品销售的影响进行分析。

(1) 人力资源体系对产品销售的影响：销售主要由销售总监、销售人员、产品经理、宣传策划人员等实现。以上产品销售相关人员的招聘、选拔、考核激励、培训、任职资格标准制定、胜任力评价等都是由人力资源体系负责，如果缺乏科学客观的评价体系、缺乏合理的胜任力模型，没有系统的培训方法，缺乏多元化激励考核与管理办法，没有宽阔的晋升通道，则销售人员的整体素质难以提高，具有优秀潜质的人才难以脱颖而出，相关人员的工作积极性得不到充分发挥，也就难以实现产品销售的最大化。

(2) 市场体系对产品销售的影响：市场体系的主要职责是理解战略、洞察市场、服务销售，具体到执行层面就是实现市场规划与执行流程的闭环管理。

市场体系包括市场研究、需求管理、销售资源包的编制等内容，既包括前端市场研究、需求管理、产品规划，还包括后端赋能销售服务的产品市场推广与宣传、品牌打造。所以，市场体系是产品运营的关键环节。

(3) 财务体系对产品销售的影响：财务体系为增加销售收入和降低应收账款提供保证，加大清欠款力度，减少呆坏账损失。另外，财务体系能分析货款回收的情况，为开发市场提供信息，每个月或每季度进行资金回收情况分析，对合同执行中货款回收、欠款清理、销售费用等进行系统分析，对高附加值高收入的产品、有市场开发潜力的产品提出意见，充分发挥财务体系的作用，为产品运营决策和市场开发提供信息。

财务体系对销售成本核算，人力成本核算、运营成本核算，新产品成本核算、促销和分销效果评估等都有重要贡献。

(4) 商务体系对产品销售的影响：商务体系主要包含商务管理策划、成本核算分析等商务管理相关职能。有些企业的商务体系是在传统成本管理的基础上，强化经营开发、项目履约、成本管控、考核激励各环节贯通管理，多方协同联动，实现优揽、精管、细算、足收的目标，赢得市场和业主认可，提升企业经济效益和核心竞争能力。

(5) 产品研发体系对产品销售影响：产品研发体系是企业生存和发展的重要支柱，因为消费者需求的变化、科学技术的发展、市场竞争的加剧都要求企业不断研发新产品。新产品包括新发明的产品、换代的产品、改进的产品、仿制的新产品、重新定位的产品等。不断研发新产品有利于不断优化产品结构，提升企业竞争力。

企业应该始终保持敏锐的市场洞察力，在保持现有产品的基础上，不断研发及向市场推出新产品，坚决执行"销售一代、储备一代、在研一代"的发展战略，助力业务发展，不断增强企业发展的核心动力。

不同行业的产品经营预警框架的指标设置不同，企业可根据自身所处的行业和经营实际，有选择地设置产品经营预警框架指标，如某医药企业的营销中心一级关联预警图中就没有包含研发体系，其产品经营预警框架如图 5-2 所示。

为了更好地进行产品预警，可以进一步构建产品销售体系、人力资源体系、市场体系和财务体系的二级关联预警图。

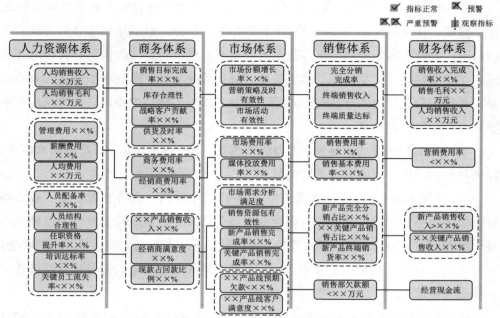

图 5-2 某医药企业的营销中心的产品经营预警框架

5.3 搭建产品经营预警二级体系

产品预警监控管理往往需要根据公司的实际监控需求，把产品经营指标进一步分解产品经营预警的二级体系。例如把产品目标分解到不同产品线（核心产品和新产品）、区域、渠道等二级体系中。

1. 按产品线分解的预警指标

一个公司的产品销售目标往往是由多个产品线组成，根据不同产品线的战略定位和各个单品所处的生命周期阶段不同，其承担的销售目标任务也不同，甚至每个月或每周时间监控点的具体数值也不同。为了做好产品预警监控，需要在各产品线、核心产品上继续进行分解。某医药公司的产品销售目标按产品线进行分解后如图 5-3 所示。

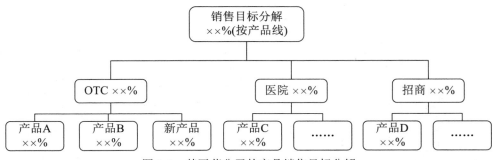

图 5-3　某医药公司的产品销售目标分解

2. 按销售区域分解的预警指标

一个公司的产品销售目标由多个营销区域甚至大区完成，不同销售区域的市场潜力、竞争激烈程度、增长率不同，区域的战略定位和销售资源投入不同，其承担的销售目标任务也不同，每个月或每周时间监控点的具体数值也不同。为了做好产品预警监控，需要在各个销售区域上继续进行分解。某公司销售目标分别按部门、区域和产品线进行分解后如图 5-4 所示。

3. 按销售渠道分解的预警指标

公司的产品销售目标通过多个销售渠道来实现，不同销售区域的市场潜力、竞争激烈程度、增长率不同，区域的战略定位和销售资源投入也不同，其承担的销售目标任务也不同，每个月或每周时间监控点的具体数值也应该不同。为了做好产品预警监控，需要按销售渠道继续进行分解，例如某公司的销售目标按医院、招商、外贸、专营店进行分解。

4. 其他产品预警体系指标的分解

人力资源体系、市场体系及财务体系的产品预警指标也相应进行分解，并根据业务关联度和度量数值进行测算，得出规律值，以便在企业运营中进行监控预警。例如，回款完成率指标，如图 5-5 所示。

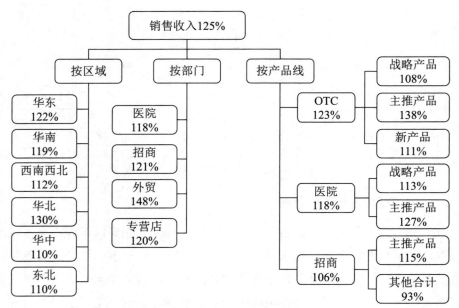

图 5-4　某公司销售目标分解

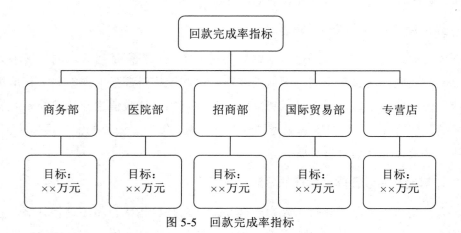

图 5-5　回款完成率指标

第 6 章

产品经营预警监控

* * * * * *

监控系统在生产和生活中起着越来越大的作用，银行、超市、商场、小区、公共交通等公共领域对监控的需求不言而喻——能够大幅提升安全性。产品经营预警监控就是为了有效地监督产品销售是否按照预定轨道良性发展，提前了解产品经营中的问题，挖掘深层次原因并及时做出修正，以保证产品经营目标的实现。

6.1 产品经营预警监控分析

6.1.1 产品经营预警监控分析流程

产品经营预警监控分析流程可分为以下 8 个步骤。

第一步，确定公司管理层要关注的产品问题及其发展目标 (公司级)。

第二步，将产品成长问题和发展目标分解到二级和三级。

第三步，制定产品经营分析预警步骤。

第四步，定期或不定期监控和分析数据 (用关联方法)。

第五步，召开产品经营分析与预警会议。

第六步，用多种分析方法定位问题，分析其深层次原因。

第七步，制定异常问题的整改方案，并确定问题解决的责任人和步骤。

第八步，监控并进入下一个周期。

6.1.2　产品经营预警监控内容

在产品经营预警体系中，不管公司所处的行业或营销结构怎样，产品经营预警一般都包含以下 5 项内容。

1. 产品销售收入及增长率(代表公司的发展规模)

(1) 产品销量及销售收入目标完成率。

(2) 产品毛利率。

(3) 回款。

2. 产品销售收入占比(用于评价公司的可持续发展)

(1) 新产品的销售收入占比。

(2) 战略产品（品牌承载者）的销售收入占比。

(3) 战略客户的销售收入比重。

3. 人均创利(用于评价公司的利润和效益)

(1) 人均销售收入。

(2) 人均毛利。

(3) 人均净利润。

4. 成本(用于评价公司的管理水平)

(1) 营销中心及关联部门人均费用。

(2) 营销中心及部门费用结构。

5. 公司核心竞争力(用于评价公司整体竞争能力)

(1) 产品收入及利润结构合理性。

(2) 区域收入及利润结构合理性。

(3) 渠道及客户群收入及利润结构合理性。

6.1.3　产品经营预警的关键

对于产品经营预警分析，聚焦讲清楚 5 件事。

(1) 目标实际完成情况如何，哪些被预警？

(2) 做得差的，是偶尔没完成，还是一贯没完成？

(3) 做得好的，是偶尔做得好，还是趋势一直向好？

(4) 好坏相抵，是否能整体达成目标？

(5) 如不能达成，是否还有额外资源可以补充？

领导们可以基于经营结果排兵布阵，合理安排资源投入，该换人就换人，该加码就加码。如果遇到细节问题，可以从整体经营分析报告中拆分出来进行专题分析。

6.2　公司级产品经营预警监控

经营预警监控分析工作是营运管理的重要依据和手段，是产品经营状况良好与否的重要反映，同时也是预警管理工作的前提条件，为正确分析问题和决策提供有效的科学依据。

通过以上几个章节的论述，已经有了清晰的目标、发展轨道和时间节点任务，这样监控就容易做了，后续可按时间节点，查看每个部门是否完成任务。产品经营预警监控可分为公司级产品经营预警监控和区域级产品经营预警监控。公司级监控一般是监控公司级、全面性的指标，可从销售收入、总体费用控制状况、新产品占比状况、经营现金流、人力资源指标状况等几个维度分别监控。

1. 销售收入

销售收入是公司发展状况的直接体现，也是产品经营的最重要的指标之一。公司级产品经营预警监控指标不只是销售收入一项，而是与销售收入相关的一系列指标，包括销售毛利、终端销售额、终端质量达标率、分销商库存合理性、营销策略及时有效性、库存合理性、战略客户贡献率、供货及时率、人均销售收入、人均销售毛利等指标。

例如，某公司2022年1—6月份的销售收入完成率达到100%，但按部门分类，招商部只完成目标任务的65%，属于严重预警。应该重点分析原因，并归为领导下半年重点关注的部门。而从产品线的角度分析，主要是保健品产品线只完成目标的71%，属于严重预警产品线，应该分析原因，制定修正策略。该公司销售收入及完全分销预警如图6-1所示。

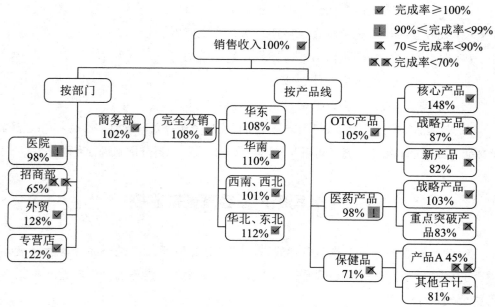

图 6-1　销售收入及完全分销预警

从销售毛利完成率维度做预警分析，总目标完成 98%，基本完成目标。而监控下一级指标发现，OTC 产品线总体超过目标，但其战略产品、新产品和其他产品都没有完成目标，属于预警内容。当然，保健品不但总体目标没完成，每个产品也都没有完成目标，属于重点分析和改进产品线，销售毛利完成率预警如图 6-2 所示。

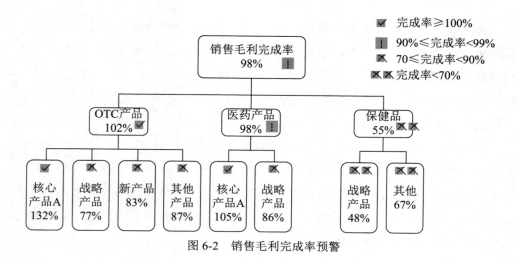

图 6-2　销售毛利完成率预警

库存消化时间对于公司现金流的周转率影响较大，所以公司的产品库存时间应该定为经销商低于 1.2 个月，分销商在 1 个月之内。分析发现主推产品 1 和主推产品 2 的经销商、分销商库存较大且消化时间均较长，战略产品 1 分销商库存消化时间较长，特进行预警。库存消化时间预警如图 6-3 所示。

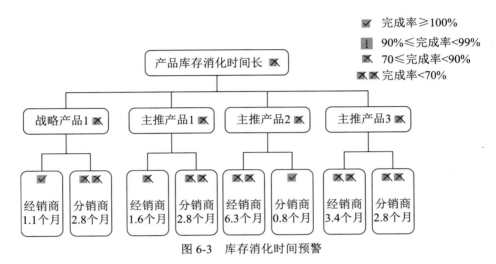

图 6-3　库存消化时间预警

针对战略产品 1 的库存情况，进一步在各个销售大区分解细化，结果发现 2022 年 6 月底战略产品 1 在华北销售部、华东销售部、华南销售部分销商库存消化时间较长，均在 2 个月以上，应进行预警，分析主要原因。战略产品 1 的库存消化时间预警如图 6-4 所示。

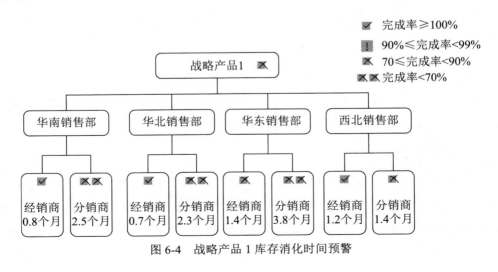

图 6-4　战略产品 1 库存消化时间预警

2. 总体费用控制状况

企业经营既要"开源"也要"节流"，同时，为了提升企业长久竞争力，还需要科学、合理地进行投资，也就是该花的市场推广费用等关系企业长远发展的费用还必须花出去。

产品经营预警的总体费用控制状况主要是指营销中心的总体费用，包括但不限于：营销中心费用、销售费用、市场费用、媒体投放费用、商务费用、经销商费用、管理支撑费用、薪酬费用等相关指标。

例如，销售费用可以从业务板块的角度分析，某公司 2022 年 6 月底的营销费用预警情况总体达标，但从部门的角度分析，只有绩效推进部不达标，再进一步分析看出，销售部的保健品产品线不达标，业务部的商务客服部不达标。(从业务角度)营销总体费用预警如图 6-5 所示。

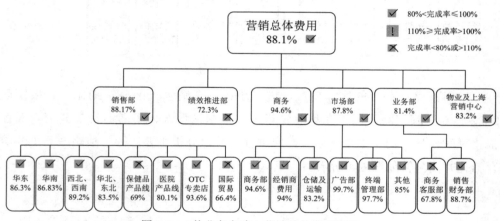

图 6-5　(从业务角度)营销总体费用预警

如果按费用结构分析营销费用的达标情况，基本费用是达标的，主要是业务费用不达标，进一步分析得出是分销及终端费用只完成 74%，其中终端费用只完成 55.2%，营销费用结构分析的预警如图 6-6 所示。

3. 新产品占比状况

新产品虽然还没有得到市场的认可，需要大量投入辅助其成长，但因为新产品的发展代表企业的未来发展的潜力，需要我们营销人员格外重视，加大推广力度，助其成长。所以，产品经营预警监控系统单独关注新产品的占比及其成长情况。

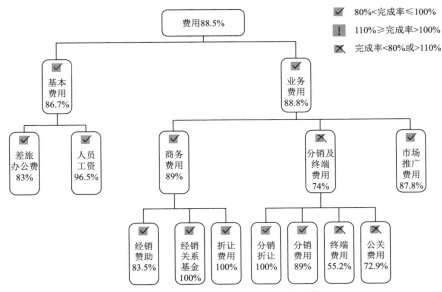

图 6-6　营销费用结构分析的预警

新产品的预警监控内容包括但不限于：新产品销售收入占比、新产品完全分销占比、重点突破产品的销售收入占比、重点突破产品的完全分销占比、新产品终端铺货率等。例如，某公司新产品销售完成率只占总销售额的 6%，而目标是 8%，只完成了 75%，属于预警内容。通过拆解分析得知，新产品的指标有两个：新产品的铺货率和新产品的销售额。从区域分解角度得出，华南和华北两个销售大区的新产品铺货率和销售额都不达标，还可以进一步从新产品种类或渠道没有达到目标的角度分析，有利于挖掘原因，制定改进对策。新产品销售完成率的预警如图 6-7 所示。

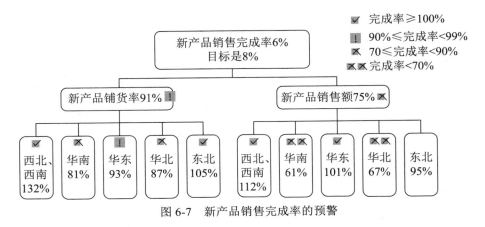

图 6-7　新产品销售完成率的预警

从客户的角度分析，2022年上半年发展新客户142个，主要是直供终端客户，新产品重复进货有37家，占新客户总数的26%，销售额1 217万元，占新客户收入比重46%。其他新客户105家，占新客户总数的74%，销售额1 420万元，占新客户收入比重54%。所以，既要开拓新客户，也要重视提升客户的复购率。新客户分析预警如图6-8所示。

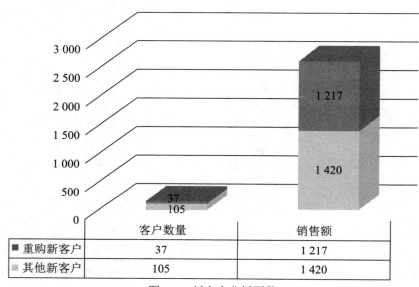

	客户数量	销售额
■ 重购新客户	37	1 217
■ 其他新客户	105	1 420

图6-8　新客户分析预警

4. 经营现金流

现金流是企业发展的"血液"，是企业良好运行的保障。

经营现金流的预警监控内容包括：销售部经销商欠款额、产品线逾期欠款、授信额度、经销商客户满意度、现款占回款比例等。

例如，某公司2022年6月底的回款预警分析显示，回款完成率为95%。进一步分析得出，国际贸易部、专营店超额完成任务。商务部和医院部基本完成，主要是招商部只完成任务的66%，属于严重预警范围，回款完成率的预警如图6-9所示。

5. 人力资源指标状况

一切营销活动都需要一支稳定的、高素质的、结构合理的营销队伍来完成，所以，产品经营预警需要监控人力资源指标。

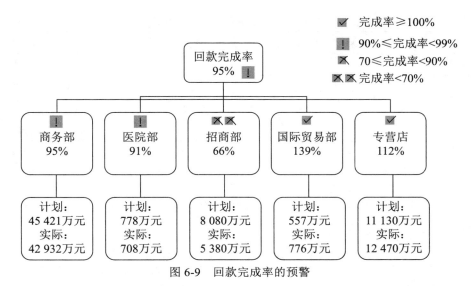

图 6-9　回款完成率的预警

人力资源指标的预警监控内容包括：销售人员配备率、人员结构合理性、任职资格提升率、培训达标率、关键员工流失率等。例如某公司的销售人员配置合计为 93%，除了华东大区，其余四个大区的人员配置处于合理范围内，华东是87%，处于预警状态，需要分析原因补足人员，2022 年 6 月份销售部人员配置详见表 6-1。

表 6-1　2022 年 6 月份销售部人员配置

销售部	定员（人）	实际（人）	配备率	预警状态
华南	201	183	91%	☑
华东	213	186	87%	☒
华北	151	138	91%	☑
东北	121	113	93%	☑
西南、西北	256	243	95%	☑
合计	956	889	93%	☑

截至 2022 年 6 月 30 日，关键员工（按地区经理统计）共 186 人，离职 17 人，流失率为 9%，高于目标值 7%，数值偏高，其中东北大区核心员工流失严重预警，2022 年 6 月份的离职率如表 6-2 所示。

表 6-2 2022 年 6 月份的离职率

销售部	核心员工人数	转岗人数	区域调整	流动率	离职人数	流失率	预警状态
华南	48	3	3	13%	4	8%	◪
华东	41	7	3	24%	2	5%	◪
华北	32	3	3	19%	2	6%	◪
东北	18	1	2	17%	3	17%	◪◪
西南、西北	47	2	1	6%	6	13%	◪
合计	186	16	12	15%	17	9%	◪

人均销售收入和人均费用是人力资源效率的重要衡量指标，某公司 2022 年上半年的相关指标如表 6-3 所示。

表 6-3 2022 年上半年的相关指标

营销指标	2022 上半年	2021 上半年	增长率	2022 上半年目标	目标完成率	预警状态
收入（万元）	39 834	29 346	36%	38 800	103%	◪
人数（人）	1 151	951	21%	1 211	95%	◪
人均销售收入（万元）	34.6	30.9	12%	32.0	108%	◪
费用（万元）	14 122	9 612	47%	15 286	92%	◪
人均费用（万元）	12.3	10.1	21%	12.6	97%	◪

6.3 区域级产品经营预警监控

区域是实现产品销售的"根据地"，公司的销售额是由各个区域的销售额累计起来的。各个区域因为其市场潜力、竞争对手、客户的习惯、产品在该区域的成熟度、品牌影响力的不同其销售额也不同，甚至差别还很大。

所以，除了监控公司级的产品经营情况外，还需要监控区域级产品经营情况，以保障产品在该区域更好地成长，助力企业高质量发展。

区域级产品经营预警监控指标是反映区域发展的关键指标，不同企业其指标有所不同。一般可包含完全分销完成率、战略产品分销完成率、新产品分销完成率、库存消化时间、人均分销能力、人均费用、业务费用达标率、终端费用占比完成率等指标。例如某公司华南销售大区监控指标如图 6-10 所示。

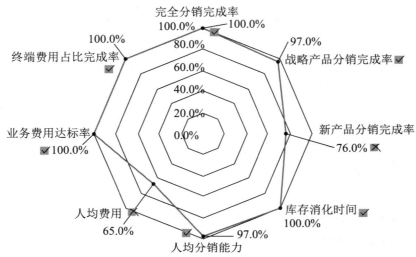

图 6-10 某公司华南销售大区监控指标

从华南销售大区的产品监控指标的雷达图中可知，人均费用和新产品分销完成率不达标，属于预警指标，需要进一步分析原因并提出改进措施。需加强新产品完全分销，并合理优化人均费用。

另外，可以分区域内部盈利、人员数量、人均完全分销、人均内部盈利等多个维度进行预警监控，如表 6-4。

表 6-4 华东销售大区内部监控指标表

单位：万元

项目		1—6 月累计	计划完成率	排名
完全分销目标 (万元)		10 816		
实际完全分销 (万元)		11 898	☑110%	3
预算目标 (万元)	业务费用率	8.67%		
	业务费用	1 036		
	基本费用	421		
	预算费用小计	1457		
实际 (万元)	业务费用率	5.85%	68%	1
	业务费用	698		
	基本费用	376		
	实际费用小计	1074	☑74%	1
内部盈利		383		

（续表）

项目	1—6月累计	计划完成率	排名
人员数量	208		
人均完全分销	57	☑119%	1
人均内部盈利	1.84	☑	
战略产品1销售完成率		75%	5
新产品完全分销完成率		47%	5
终端费用占比完成率		43%	5
库存消化时间得分	11.3		3

从表6-4中可以看出，华东销售大区下一步的工作重点应该放在加大战略产品和新产品的销售推广力度，优化重点费用。

为了加大各区域的竞争，可采取区域级产品经营预警大排名的方式，鼓励先进鞭策落后，区域级产品经营状况排名评估标准详见表6-5。

表6-5 区域级产品经营状况排名评估标准

编号	指标名称	权重	计算公式	排序规则
1	完全分销完成率	30%	实际完全分销/预算完全分销	按完成率从高到低
2	战略产品完全分销完成率	10%	战略产品实际完全分销/战略产品预算完成分销	按完成率从高到低
3	新产品完全分销完成率	18%	新产品实际完全分销/新产品预算完全分销	按完成率从高到低
4	库存消化时间得分	10%	各产品库存消化时间1个月为10分，1～2个月为7分，3～5个月为4分，6～8个月为1分，合计得分	按得分从高到低
5	人均完全分销	10%	区域实际完全分销/实际上岗人员	按实际数据从高到低
6	人均费用	7%	区域销售费用总额×实际上岗人员	按实际数据从低到高
7	业务费用率预算完成率	8%	(实际业务费用/实际完全分销)/(计划业务费用/计划完全分销)×100%	按完成率从低到高
8	终端费用占比预算完成率	7%	(实际终端费用/实际销售费用总额)/(预算终端费用/预算销售费用总额)×100%	费用率低于100%，按完成率从高到低，费用率高于100%，从低到高

第 7 章
预警问题分析与纠偏方案

* * * * * *

有效解决产品经营过程中预警发现的异常问题，是产品经营工作中的一项重要内容，它要求产品经理具备分析和解决产品运营中问题的技能。要从根本上解决问题，就必须根据预警信息对问题的原因进行深入细致的分析，找出根本原因。

所以，利用多元化的系统分析方法，找到产品经营过程中问题的根源所在，采取有力的纠正措施进行多方位预警纠偏，可以进一步提升公司产品经营水平，推动公司实现高层次、高水平、高质量发展。

7.1 产品经营预警分析策略

一个在网络平台上卖礼品的电商，在之前一年中的销售情况都不温不火，每月销售额一直徘徊在 50 万元左右，但上个月的销售额突然达到了 100 万元，而且是在广告花费不足 10 万元，其他营销策略没有变化的情况下获得的，该电商感觉春天来了，终于要出头了。

该怎样挖掘 100 万元这个数据背后隐藏的商业逻辑呢？靠分析。

当我们面对数据的时候，不能就数据论数据，而是要用一个完整的数据分析框架去解读数据。产品经营分析有一个经典的 6 字策略：细分、对比、溯源。

(1) 先从不同的维度去分解问题。

(2) 再根据每个维度上的数据建立参照系做对比，找到业务的薄弱环节。

(3) 分析原因，针对根源寻找改进方案。

如此，才可能找到 100 万元背后真正的商业信息，更好地制定下一步的策略。

7.1.1　产品经营预警分析策略之一：细分

细分就是指通过拆解不同维度，找到需要分析的某个指标的影响因素。

1. 什么是维度

维度用在商业数据分析的时候多指一种视角，时间、性别、地区、距离等都是数据分析时常会用到的视角。

比如我们要用时间作维度，一种方法是通过同一空间下前后时间的对比来了解事物的发展趋势，比如某公司前 10 个月平均销售额是 50 万元，这个月突然是 100 万元，我们就可以说销售额环比增长率是 100%，这是时间上的对比，也称为纵比。

也可以通过同一时间下空间上的横向比较来了解的自己现状和差距，如不同国家人口数、GDP 的比较，不同省份收入、用户数的比较，不同公司、不同部门之间的比较，这些都是同级单位之间的比较，简称横比。

2. 怎样拆解维度

拆解的前提是找到了合适的维度，那么怎样找维度呢？

找到细分维度的本质是发现因变量的影响因素。比如上例中，因变量就是销售额。导致整个销售额发生从 50 万元到 100 万元的变化的因素可能有很多，我们可以用"6W2H"，也可以用营销"4P"的框架来分析，把可能需要思考的维度都列出来，然后再根据具体情况，看涉及哪些维度，从中选择适合的维度，继续进行下一步拆解和分析。

7.1.2　产品经营预警分析策略之二：对比

完成上一步的细分之后，我们就需要对同一维度的数据进行比较，以了解业务现状，找到业务的薄弱环节。对分析人员来说，薄弱环节是优化工作的切入口，实际工作中应该对"差"有相当高的敏感性。

假设通过产品维度的比较发现，该公司在售的 10 个产品中，绝大部分产品的销售情况都挺不错，运营各个环节也都表现良好，有的甚至已经做到了极限，只有一款单品卖得特别糟糕，销售额排名在最后，上月销售额只有 3 000 元，仅占整个销售额比例的 0.3%——也就是说，这款单品对上个月 100 万元销售额的贡献微乎其微，属于该公司销售的薄弱环节。

这种情况下，我们是去找表现最好的去优化升级、挑战更高的极限呢？还是先试着补足短板呢？

这里我们给出一个权衡的参考方向：

(1) 重新评估该单品的 SPAN 战略的战略位置，重新定位该单品；

(2) 可以根据优化的投入产出比来判断；

(3) 可以根据优化的难易程度和改善效果来选择；

(4) 重新衡量或评估产品的增长潜力，重点考虑公司的资源投入比例情况；

(5) 参考公司的经营目标和经营策略；

(6) 其他影响因素的考量，比如当前市场的政策情况、行业的发展趋势、同行竞争情况等。

假设根据以上各个因素的分析，我们得出，本案例中销售不好的单品，在 SPAN 战略分析地图中处于第二象限，有很好的发展前景，应该被定为布局产品。那么我们可以认为，提升该单品销售额是当务之急，接下来的工作中就是需要把提高单品的销售额作为提升总体销售额的切入口。

7.1.3 产品经营预警分析策略之三：溯源

一般情况下，碰到某款产品销量差，相关销售员的第一反应是什么呢？责怪。怪市场人员广告没投好，怪产品经理选错产品，怪售价定太高了，各种猜各种怪各种推卸责任。

有效的解决方法，不是拍脑袋猜测，觉得是哪个就是哪个，而是要用一个模型把所有可能涉及的问题都追溯一遍，找到问题的源头。

怎么溯源？鱼骨图分析法是一种很好的选择。

我们把电商投放信息流广告可能遇到的运营问题用鱼骨图来分析一下，如图 7-1 所示。

图 7-1　鱼骨图分析

根据图 7-1，我们可以了解到，整个电商投放环节涉及 6 块内容，分别是最开始的选款，然后是针对性的定价，接着是投放相关的定向、创意、落地页，最后还涉及客服、物流等后端，这里面每一步都可以再拆分成很多小步骤。

通过鱼骨图 (分析出最关键因素) 对营销环节进行层层剖析，我们发现，最可能出现问题的环节是定价环节，因为目前的定价和同行比，有点太低了，那么会不会因为价格太低导致客户认为便宜没好货？对品质没有安全感？所以不愿意买。

所以，在针对预警问题采取修正措施前，关键是采用科学的问题分析方法，找出问题的深层次的根源。

7.2　预警问题分析方法

产品经营预警问题的分析要遵循第一性原理，即当遇到一个问题，问题背后一定有其原因，这个原因的背后还有原因，就这样一步一步向前推演，直至找到问题最本质的原因。然后，从这个本质原因开始，重新向后推演，直到找到解决问题的方法。产品经营预警思维导图如图 7-2 所示。

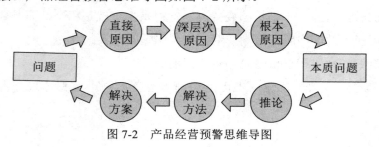

图 7-2　产品经营预警思维导图

产品经营预警过程中会有产品销量不达标的情况，也有人均成本或费用超标的问题。这些问题可能要用多种方法才能挖掘出根本原因，包括结构分析法、指标拆解法、漏斗分析法、追本溯源分析法、矩阵分析法、相关分析法、因子分析法等。

7.2.1　结构分析法

结构分析法是指利用结构化思维对目标进行全面的拆解分析。当得知公司的产品销量下降的时候，你不应该发散性地根据以往经验列出一堆产品销量下降原因（比如竞品升级、促销活动力度降低等）。而是应该静下来思考，可以从哪些维度拆解"产品的销量构成"，然后进一步拆解"能够对销量产生影响的因素"，挖掘问题根源。

产品经营预警监控的指标包括季度、月度或周的总体指标，而总体指标是由若干部分组成的。

(1) 公司总销售额。其一般由分公司 A、分公司 B、分公司 C 等各个分公司的销售额构成；或者是由区域 A、区域 B、区域 C 等各区域的销售额构成；

(2) 产品的总销售额。其一般由产品线 A、产品线 B、产品线 C 等各个产品线的销售额构成。

因此，看到一个总体指标异常以后，可以根据它的组成部分，对总体做拆解，了解各部分的情况。

监控整体目标完成情况，根据实际完成情况与预期目标的比较，如图 7-3 所示，找到有问题的地方。从图中可以看出，5 月、7 月和 8 月没有达到预期目标，应该进一步分析这几个月没有达标的原因。

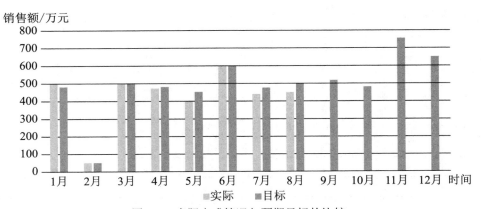

图 7-3　实际完成情况与预期目标的比较

结构分析法在很多时候都适用，比如问："为什么业绩下滑呀！"答："因为××区域没有做好！"通过结构分析法，能很快找到责任人。实体店和电商平台的结构比例变化情况如图7-4所示，从图中可以很容易看出实体店呈现缩减的趋势，而电商平台呈现扩增的趋势。所以，结构关系图能直接解释很多总体指标波动的问题。

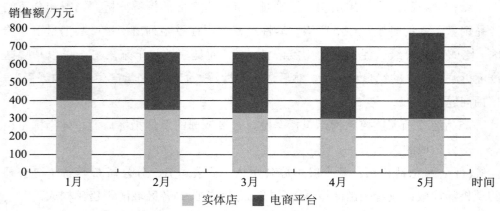

图 7-4　实体店和电商平台的结构比例变化

举个例子，一个公司有线上/线下两大销售渠道，整体销售业绩如表7-1所示。在业绩不达标的时候，应该先看：线上/线下，哪个是不达标的主要原因。如果发现线下是主要原因，就再看线下的结构，线下一共有5个大区，进一步分析有华东和华南两个大区没有完成目标。

表 7-1　结构化分析销售完成情况　单位：百万元

	目标	实际	差额
整体	600	525	−75
线上	100	90	−10
线下	500	435	−65
	目标	实际	差额
线下整体	500	435	−65
华东	200	120	−80
华南	100	95	−5
华中	100	105	5
华北	50	60	10
东北	50	55	5

通过以上分析，能找到问题所在，进而有针对性地解决问题。

7.2.2　指标拆解法

指标拆解法，一般在经营分析中经常使用，就是把产品销量的衡量指标进一步拆解，找出产品销量变化的深层次指标，也可以叫作业务分解法。

举个例子，小商品网络销售平台的销售业绩是由注册用户数、消费比例、客单价三个因素决定的，关系公式为

$$销售业绩 = 注册用户数 \times 消费比例 \times 客单价$$

小商品网络销售平台 A 和 B，10 月的销售业绩都是 100 万元，9 月销售业绩都是 130 万元。如果只看结果，小商品网络销售平台 A 和 B 10 月的销售业绩相较 9 月都是少了 30 万元。但是小商品网络销售平台 A 和 B 是不是应该采取同样的修正策略呢？如果进行指标拆解以后，就能挖掘出很多深层次的原因，如表 7-2 所示。通过拆解，能看到问题出在哪里。平台 A 的问题出现在会员的消费比例上，由 9 月的 25% 降低到 10 月 15%，采取的纠偏措施可以是发优惠券，吸引用户到店消费；而平台 B 的问题是出现在客单价上，采取的纠偏措施可以是推出满减活动，提升客单价。

表 7-2　指标拆解分解表

项目	销售业绩 / 元	会员数 / 人	消费比例 / %	客单价 / 元
9 月平台 A	300 000	10 000	25	120
9 月平台 B	300 000	10 000	25	120
10 月平台 A	216 000	12 000	15	120
10 月平台 B	225 000	10 000	25	90

7.2.3　漏斗分析法

随着数字化信息在营销领域的广泛应用，漏斗分析法的使用率将越来越高。目前其在一些互联网产品中使用较多，因为互联网产品能够较完整地记录用户的交易数据，能够更好地呈现整个用户转化流程，从而容易使用漏斗分析法挖掘产品经营中的问题。

举个例子，在网上看到一个产品广告，如果很感兴趣，点击进入购买流程。这个购买行为需要经历：打开首页→打开广告页→打开详情页→打开购物车页

面→打开支付页面→支付完成等几个产品购买步骤，每经历一个步骤，就会有一些用户流失，如同漏斗一样。

此时可以用一个转化漏斗，形象地展示这种产品购买过程，如图 7-5 所示。每一环节的转化率都是下一环节人数除以上一环节的人数，例如打开首页→打开广告页的转化率，即打开广告页 / 打开首页人数 =30%，同理，可以算出本次产品购买的整体转化率，即最后一个环节人数 / 第一个环节人数 =7%。

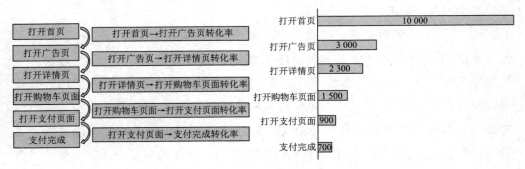

图 7-5　转化漏斗

梳理清楚了转化漏斗流程以后，就能进一步基于漏斗找出问题的根源，从而有针对性地改善。

(1) 哪个环节的转化率比较低，需要改善？

(2) 不同的产品，漏斗形态如何，哪个环节更适合做推广？

(3) 新的产品改版后，是否减少了各漏掉环节的用户数量？

7.2.4　追本溯源分析法

追本溯源分析法起源于日本丰田，是一个挖掘问题根源的常用分析方法：通过连续追问"为什么"来寻找问题的真正原因和解决方法。

我们可以通过连续提问来探究一下为什么一款手表销量低。

(1) 问：为什么手表价格很低还是销量比较低呢？答：怕是假的。

(2) 问：为什么会担心是假的？答：消费者一般认为比同行价格低的可能就是假货。

(3) 问：为什么价格低就是假货？答：价格是价值的体现，价格高的一般质量好，便宜没好货。

(4) 问：为什么用户会认为价格高的质量好，便宜没好货？答：人们对一个既复杂模糊又不确定的产品进行价值判断时，如果没有行之有效的方法，往往会靠一些思维的简单化处理捷径来做决策。比如以前买过很便宜的产品，结果质量很差，他就会认为便宜没好货。之后再遇到判断产品质量与价格的关系时，如果欠缺决策依据，用户可能会根据过去的经验得出结论，便宜没好货。

(5) 问：为什么人们会靠一些思维的简单化处理捷径来做决策？答：诺贝尔经济学奖获得者丹尼尔·卡尼曼撰写的《思考，快与慢》中提到，大脑中有两套系统，系统1的运行是无意识且快速的，不怎么费脑力；系统2是将注意力转移到需要费脑力的大脑活动上来，例如复杂的运算。

追本溯源分析法不是只能问5个"为什么"，而是根据情况可以多可以少，当你觉得找到问题的根源和解决方法了，就可以停止。所以，追溯的答案就是：厂家原以为的"便宜"这个卖点，并没有被用户真正认可，便宜本身还未能触发理性的系统2，也就是说，用户无法靠理性的系统2来分析出你的价格其实超划算，给出应该要买的指令。

相反，无意识且快速的系统1直接给出了"便宜没好货"的信号，阻碍了用户的购买行动，最终导致了该产品的销售业绩不好。

解决方案应该是：不要对抗大脑的决策机制，也不要试图绕过那个无意识且快速的系统1，既然人们觉得便宜没好货，那就不要定低价。接下来就可以优化定价策略，优化完后再重新上线测试销售的情况是不是符合预期，然后再做进一步的优化改进，如此循环往复，持续改进。

7.2.5 矩阵分析法

当产品预警问题的指标从1个增加到2个的时候，矩阵分析法是一种比较好的选择。矩阵分析法就是通过两个指标的交叉，构建成一个分析矩阵，利用平均值切出四个象限，从而挖掘问题的根源。例如销售能力矩阵就是由销量和客户数量组成的，第一象限是均衡型，第二象限是吃大户型，第三象限是待改进型，第四象限是摆小摊型，往往第二象限和第四象限是需要改进或重点关注的，销售能力矩阵示例如图7-6所示。

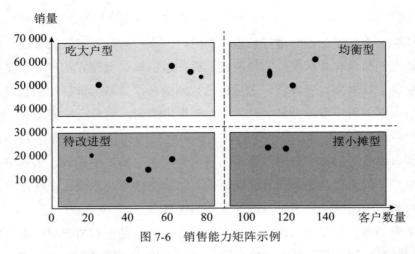

图 7-6　销售能力矩阵示例

矩阵分析法的最大优势在于直观易懂，可以很容易从两个指标的交叉对比中发现问题，往往第二象限和第四象限是问题象限。

要实现产品销量增长的目标有很多种方式，到底通过哪种方式达成目标，是需要提前思考清楚的。例如，对于用户基数大且档次低的市场，应该侧重促销，加大销售力度；而对于用户基数小，档次高的市场，不应一味追求销量，而应注重品牌效应采取高价策略。产品销量增长模式选择矩阵示例如图 7-7 所示。

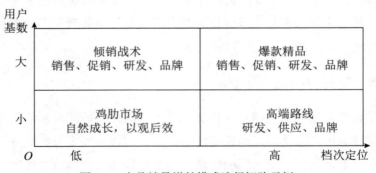

图 7-7　产品销量增长模式选择矩阵示例

矩阵分析法的本质就是找到两个很好的评价指标，通过两指标交叉构建成矩阵，把业务类型分为几个类别从而做出决策。

当分析指标由两个指标变为多个指标的时候，就不适合采用矩阵分析法了。

7.2.6　相关分析法

1. 明确指标之间的关系

某些指标既不是直接的并行关系，也不是直接的串行关系，但是在产品预警分析工作中，也需要知道它们之间有没有关系，比如：

(1) 广告投入与销售业绩；

(2) 下雨刮风和门店人流；

(3) 用户点击和消费行为。

2. 指标的相关关系分析

指标常见的相关关系有三种：

(1) 在结构分析法中，整体指标与部分指标之间的关系；

(2) 在指标拆解法中，主指标与子指标之间的关系；

(3) 在漏斗分析法中，前后步骤指标之间的逻辑关系。

这三种都是直接相关关系。直接相关关系的确定不需要大量的数据计算，通过指标梳理就能看清楚。可以利用散点图或者相关系数，找到它们之间潜在的相关关系，例如广告投入与销售额之间的正相关关系，如图7-8所示。

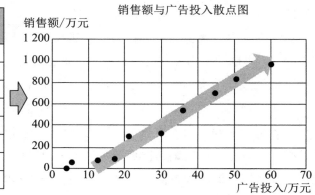

时间	广告投入/万元	销售额/万元
2020年Q1	12.7	127
2020年Q2	4.8	7.5
2020年Q3	21.3	312
2020年Q4	58	986
2021年Q1	35.6	557
2021年Q2	6.6	95
2021年Q3	17.8	128
2021年Q4	45.2	387

图 7-8　广告投入与销售额的相关关系

7.2.7　因子分析法

因子分析法由英国的一个心理学家提出，他发现学生的英语、法语和古典语成绩有明显相关性，他认为这三门课程背后有一个共同的驱动因子，最后将这个因子定义为"语言能力"。基于这个想法，研究发现很多相关性很高的因素背后有共同的驱动因子，从而出现了因子分析法。

因子分析法在经济学、心理学、语言学和社会学等领域经常被用到。

因子分析法就是将存在某些相关性的变量提炼为较少的几个因子，用这几个因子去表示原本的变量，也可以根据因子对变量进行分类。

例如，某学生有语文、英语、历史、数学、物理、化学六门功课的成绩，通过因子分析法会发现这六门功课的成绩由两个公共因子驱动，前三门是由"文科"因子驱动，后三门是"理科"因子驱动，从而可以计算该学生的文科得分和理科得分来评估他在两个方面的表现。

因子分析法解决什么问题呢？

1. 在多变量场景下，挖掘背后影响因子

如在企业品牌调研中，消费者会调查很多问题来评估企业品牌。通过因子分析法可以挖掘出背后少量的潜在影响因素，比如服务质量、产品质量等。

2. 用于数学建模前的降维

因子分析法和主成分分析法都可用于降维。因子分析法的优点是，以因子作为新的解释变量去建模，有更好的解释性。

因此对于有些需要业务解释的数据建模，可以在建模前通过因子分析法提取关键因子，再以因子得分作为解释变量，通过回归或者决策树等分类模型去建模。

下面通过一个案例阐述因子分析在产品经营预警中的应用。

公司某产品的销售渠道有专卖店、商超和电商三种，不同的渠道影响用户的购买决策因素不同。为了提高产品销售业绩，不同的销售渠道应该采取哪些营销活动呢？或者是不同的销售渠道分别应该突出哪些因素呢？可以使用因子分析法挖掘出专卖店、商超和电商这三种不同销售渠道影响客户购买决策的因子，采取个性化宣传投入策略。

采用因子分析法的流程如下。

第一步，设计、发放并收集调查问卷。

第二步，调查问卷分析。

第三步，模型选择与检验。

第四步，因子提取。

第五步，因子旋转。

第六步，因子得分与结论。

7.3 纠偏方案

造成公司销售业绩差的因素是很多的，有品牌因素、产品因素、营销政策因素、市场环境因素、竞争强度因素、营销激励因素、营销人员的管理因素和营销人员的素质因素等。

但是产品经营预警的问题，往往是个性化的，大多是局部问题。除非公司的各项预警指标都没有达到目标才可能是公司的产品出了问题。通过上节介绍的分析方法，能够找出现阶段的主要问题，然后有针对性地采取措施提升产品销量，实现公司的战略目标。

7.3.1 应对产品销售目标不达标的措施

应对产品销售目标不达标的措施如下。

(1) 提高对销售人员的激励水平，尤其是在市场下行的过程中导致的销量疲弱。

(2) 提高品牌传播渗透率和覆盖率。

(3) 对老客户设计增量目标和协同支持策略；对新客户设计渠道动力系统，协助尽快完善渠道，以利于形成销售的正常循环。

(4) 适度增加销售人员数量，加大市场推广力度。

(5) 提高销售人员作业的有效性，提高销售管理水平。

(6) 提高市场响应速度，提高对销售工作的配合能力。

总之，企业的销售业绩差，根源并不一定在销售部门，有可能是在其他方面。企业唯有找到影响销售业绩实现的关键因素，深入分析存在的问题，及时采取措施，才能令销售业绩回到应有的水平上来。

7.3.2 典型问题的纠偏策略

使用科学的方法，挖掘出产品销售业绩不佳的深层次原因就算是解决了问题的一半。通过对产品经营的偏差问题进行深层次分析，一般可以得出以下几个方面问题。

1. 区域总监的胜任能力不足

我们常说，火车跑得快全靠车头带。所以，某个区域的产品销售业绩不好，往往是区域总监能力不足造成的。可以在第一个月警告，审核区域总监的业绩提升改进措施是否得当，如果得当，再观察一个月看效果。如果第二个月还是没有达到目标，很可能是其能力不足了，可根据企业情况采取以下三种方法。

(1) 配备助手，根据区域总监的胜任力缺项，配备一个相应能力高的助手协助其工作 3 ～ 6 个月，限期区域总监提升相应能力。

(2) 拆分区域。该区域总监的领导能力不足以负责这么大的区域，暂时还没有合适的人选接替，则可以把该区域划为 2 ～ 3 个销售区域，委派 2 ～ 3 个区域总监分别负责，这几个区域总监之间为竞争关系，过一段时间（例如 1 年）评价考核，谁有能力负责该大区则再合并。这样既锻炼了销售总监，又提升了产品的销售业绩。

(3) 果断替换区域总监。

2. 销售目标定得不合理

销售业绩不理想，有可能是当初销售的规律归纳得不成熟或不全面，或对产品所处的市场规律和产品的优劣势总结分析得不到位，造成当初的产品销售目标定得不合理，过高或过低。企业可采取的措施如下。

首先，根据销售绩效考核的相关规定，对该区域的总监或产品经理采取一定的惩罚措施。

其次，重新挖掘该区域、渠道或产品的销售周期规律，并预测该区域或渠道的产品销售目标，重新制定相匹配的奖惩措施。

同理，对于远超出目标的销售区域、渠道或产品，更多是鼓励销售人员付出更大努力多产出，以激励为主。建议当年不调整目标，多劳多得。第二年再重新评估并修正销售目标，设计新轨道。

总之，要根据产品销售偏差产生的深层次原因，才可能制定出科学、合理的产品纠偏方案。

第2篇

销售资源包建设

销售资源包是为销售前沿阵地输送有杀伤力的"炮弹"！

第 8 章
销售资源包

* * * * *

销售是企业经营过程中的重要环节，是企业运营的两大车轮之一。但是销售过程中经常发生如下问题。

(1) 不同的销售人员对客户讲解的产品优点不一样；宣传点不能聚焦，也就给客户的印象不深刻。

(2) 对自己产品的优点、利益点讲不清楚，语言没有说服力。

(3) 销售人员与竞争对手的战斗中没有强有力的"炮弹"，更有甚者，连宣传材料都不统一或干脆没有。

由于市场部门的一些制度不完善或材料准备不足，企业或多或少都会碰到这样的情况：公司的销售员一直在抱怨，出门谈客户没有像样的销售材料。本章内容将解决销售员一直以来的困扰，基本可以满足销售对外洽谈所需要的大部分资料。

8.1　销售面临问题及解决思路

一个公司的销售工作是一个系统工程，公司发展到不同阶段其营销能力不同。一般企业的销售往往面临各种问题。

1. 销售发展很不平衡

公司产品在不同客户群、行业、区域和渠道的销售业绩差别很大，营销结构极其不合理。例如：一个生产稀油站产品的企业，其在水泥行业的市场占有率达到60%左右，而在冶金、矿山等行业的占有率都不到10%。

公司产品在不同区域的销售差别很大，例如，一个地处四川地级市的企业，重庆和成都两地就贡献了50%的销售额，重庆、成都、南京和北京四地占到70%的销售额。这说明该公司的市场覆盖率不高，市场潜力较大，还有很大的发展潜力。

建议：构建公司的营销战略地图，科学规划营销区域721定位和发展策略，即对于发展比较差的区域，进行市场吸引力和产品竞争力分析，选择市场吸引力大、产品竞争力高的区域优先派驻比较优秀的销售人员进行拓展。

2. 公司对产品的规划较少，产品的定义不明确

公司对每种产品的定位不明确，特别是产品的721战略定位和企业内部产品之间的角色定位不清晰。

每种主导产品的市场容量、每年的市场增长率、在市场中的竞争地位等信息缺乏。

每个产品的商业模式分类不清，产品有多种配置，每种配置的模块界定比较含糊。

建议：尽快对产品进行战略规划，明确主导产品的721发展定位和角色定位，并系统规划各主推产品的商业模式。

3. 每种产品的销售目标、职责不明确

某个产品每年的销售目标对整个公司销售目标的贡献是多少，每个产品对公司利润的贡献是多少，每个产品的利润空间是多少等产品的财务指标不确定。

某个产品根据自身的发展周期规律分解在各个销售区域和时间段的销售任务，某个产品在每个销售人员身上的任务分解等都没有规划，所以，对销售人员的考核指标比较单一，综合程度不够。

建议：公司的主导产品应该设置专门的产品经理，明确每个主导产品的考核指标和财务指标，明确新产品的发展目标，设立更有吸引力的销售激励，实现公司主导产品的市场成功和财务成功。

4. 公司对市场环境的研究较少，只有"销"，没有"营"

公司所处行业的市场容量、公司的产品可以销售到哪些行业/客户群、每个客户群所关注的关键因素等不够清晰。

公司人员对每种产品的竞争对手了解很少，更没有研究主要竞争对手，不清楚自己产品与竞争对手的优劣势。

由于不清楚每种产品相对于竞争对手的优缺点，所以没有针对性的营销策略。策略的好坏是与竞争对手的策略相比较而言的，知己知彼，才能百战百胜。

建议：每个产品都按照销售资源包的 $APPEALS 模型和 FFAB 模型挖掘各产品针对不同竞争对手的卖点和优劣势；对于不清晰的营销因素，要求销售人员在工作中获取，并不断完善各产品的销售资源包，为销售人员输送战斗的"炮弹"，武器精良才能战无不胜。

5. 销售人员对产品不熟悉，只做"关系"，不做"产品"

销售人员在做业务时，注重与客户搞关系，与竞争对手拼价格。

销售人员对技术人员、内勤的依赖性很大。

销售人员把丢单的原因主要归结于"价格高"或"回扣少"。

建议：利用销售资源包的模型/工具，挖掘和提炼产品的卖点、优劣势；加强销售人员对产品销售资源包的应用，突出产品的优点和特色，提升产品的美誉度，从而降低客户对价格的敏感性。

8.2　销售三角法则

营销专家张大力在"产品上市能否热销，三角法则就是预判金标准"一文中提出三角营销法则，如图 8-1 所示。该法则是指产品力、渠道力、素材力三个要素各占三个角，三个角互相支撑，形成稳定的三角形。

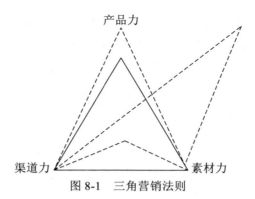

图 8-1　三角营销法则

三角营销法则指出要想做好营销需要考虑三点：产品、渠道、素材。这三个要素均衡发展，产品的营销综合能力才比较强。任何一个要素的角度偏小，都会影响产品营销力。企业可以用三角营销法则做一个简单的判断，据此决定是否要开展新的营销活动。

三角营销法则的"产品力"是指公司要重点关注产品力，关注产品的创新，关注产品的消费端需求，关注竞品的市场表现。分析产品力之后便要考虑销售渠道力(包括如何提升产品的体验)，产品的渠道力包括路径最短的电商，人气最火的团购，更加准确服务特定客户群的便利店、体验店，大卖场等。而产品素材力是指产品的营销人员的素质、宣传素材等。

产品力第一，渠道力第一，素材力第一，围绕第一做，就是三角营销法则的核心思想。不同企业基础呈现不同的钝角锐角配比，不同的配比决定着营销活动的效果。

产品力要第一，渠道力要第一，那素材力呢？素材力也要做第一。产品力第一，渠道力第一都是相对的，任何产品都很难长期保持优势。要不断提升产品的营销影响力靠什么呢？靠的就是营销优秀素材的制造能力，其是保持产品力和渠道力第一的能量供给中心，就好比运载火箭没有源源不断的能量供给，就无法到达终点，素材构建就是产品在特定渠道维持第一的能量来源。

例如，一个产品的销售渠道是相对固定的，产品也是固定的，要想在电商这个特定的渠道保持产品影响力的位置，就需要不断地增加素材的投入，这个投入包括直通车引流费、直播带货引流费、种草引流费等。如果这些要素不投入了，素材消耗没了，渠道位置也就没了。

三角营销法则的产品力、渠道力和素材力互为依仗，产品力不好，渠道力再强，素材力再好，必将呈现小锐角趋势，三角营销法则异形如图 8-2 所示，就是渠道力和素材力投入再多的资源，尽力维持产品的锐角不再变小，如果产品创新不足，老化陈旧，产品力的角度将会更加锐化，无限趋近于 0，产品的竞争优势将荡然无存。所以，锐角越小，越需要加强，锐角超小时产品成功率低。

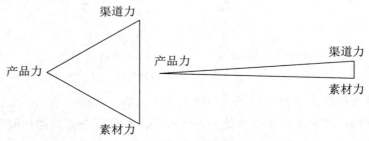

图 8-2 三角营销法则异形

同理，其他两个要素也是这个道理，一旦出现小锐角现象，企业就要重视这一端的能力补充。通过三角营销法则三要素的动态内角变化，让企业更加清楚识别产品综合竞争的优劣势，不仅有助于营销策划，也有助于即将上市的产品做个自身检查，评估其是否具备要入市的条件。

从三角营销法则可以看出，产品营销能力的大小重在产品力和素材力两端，素材力的强化，很大程度上决定了产品是否能够成功，素材力的质和量就是抢夺第一的能量，没有素材力质和量也就没有争夺第一的资源。

这里的素材主要包括产品的形象素材、产品的宣传素材、营销人员的素质等等，可见要打赢一个个销售战，就要根据前沿阵地的一个个竞争对手制造相应的营销"炮弹"。

8.3 销售资源包及其优点

世界优秀企业的营销管理有一个重要的管理理念：让平凡的人做出不平凡的业绩。优秀企业更重视企业的整体营销能力而不是个人的推销能力。

如何才能让平凡的人做出不平凡的销售业绩呢？最好的方法就是标准化。营销管理的标准化，就是为前沿的销售人员构建系统的销售资源包。

优秀企业都有自己的标准化销售资源包，营销人员人手一份，如松下公司仅客户销售手册就有几十本。有些行业的营销人员要经常对经销商进行标准化指导与管理培训，从而保证每个经销商都能规范运作。

标准化营销程序，建立在对营销各方面深入细致研究的基础上，是借鉴优秀企业和优秀营销人员的经验与教训而制定的，它的最大优点就是避免营销人员反复"交学费"，避免由于营销人员个人经验、能力、悟性等不足而给企业造成损失。一个平凡的营销人员，只要按照标准化的营销程序和语言从事营销工作，就可以尽可能地避免失误，并取得超出预期的业绩。

优秀企业都有这样共同的特点：靠科学、标准化的营销资源包构建企业强大的营销能力，而不是依靠一两个能干的营销人员。那些在科学化、标准化的营销体制之下业绩出众的普通营销人员，一旦离开该企业，离开企业强大的营销能力的支撑，业绩立即滑坡。因此，在标准化的营销管理体系之下，营销人员的离职率相对较低，离职对企业造成的损失也相对较小。

光凭三寸不烂之舌做销售业务，太难为销售团队了。为销售人员准备"销售资源包"是企业的责任，一个优秀的企业在新产品上市前，要做到：先进行新产品的市场分析和竞争分析，产品开发有明确的目标客户群和产品卖点，在产品开发之前就制定了清晰的市场策略，解决如何使产品"好卖"及把产品"卖好"的问题，并在产品发布前完成销售资源包的评审以及对销售人员的培训。

销售资源包的开发已经成为产品开发的一部分，有完整的模板和工具。一般由产品经理组织跨部门团队进行编写，能从不同的角度完善销售资源包。产品经理定期对各销售团队巡检，挖掘销售的成功案例和主要障碍，通过总结，进行推广。

8.3.1 销售资源包简介

销售资源包是指市场部提供给销售员使用的一系列资料和指导文件，销售资源包内容详见图 8-3。

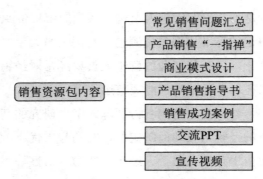

图 8-3　销售资源包内容

1. 销售资源包的成果

销售资源包的成果包括以下几点。

成果一：通过 $APPEALS 模型分析产品优劣势、提炼卖点，制定产品的个性化竞争策略。

成果二：通过 FFAB 模型，提炼产品给客户带来的价值，确定宣传方式。

成果三：通过常见问题汇总，给销售人员提供回答客户问题的标准的、有说服力的答案。

成果四：销售指导书为前线销售员提供"打仗"的武器、作战方案、弹药库以及后方支援的指挥所。

成果五：产品的商业模式设计规范了多个单品的配置，明确了产品的财务指标和目标。

成果六：产品销售"一指禅"的提炼为不同人员"打仗"提供了的各种武器。

成果七：成功案例为销售人员搭建了成功经验分享的平台。

成果八：交流 PPT 系统地介绍了产品优劣势和卖点，有利于降低客户对产品价格的敏感性。

成果九：形象化的宣传视频，能够直观地向客户展示产品，使客户有较好的体验。

2. 企业在销售资源包方面存在的问题

企业在销售资源包方面一般存在以下问题。

(1) 只有技术资料、服务资料，没有销售资料。

(2) 编写人员往往站在技术角度去写，导致销售人员看不懂，也说服不了客户。

(3) 各产品文档资料没有统一的结构和格式，销售人员查阅起来比较困难。

(4) 没有根据不同的阅读对象设计不同的版本。

(5) 有关销售的文档内容太多，重点不突出，不精练。

(6) 没有建立产品销售经验数据库，经验教训没有及时总结和推广。

8.3.2 销售资源包的优点

销售资源包可以是打印成册的实物，也可以是电子文档，主要为销售提供指导和支持。销售资源包的优点包括以下几个方面。

(1) 明确了产品定位，规范了产品配置，明确了产品的主推配置。

(2) 明确了产品优劣势、产品卖点、竞争策略和市场策略，让销售人员全面了解公司的产品及市场策略。

(3) 为销售人员提供了"打仗"的武器、作战方案、弹药库，以及后方支援的指挥所。让销售人员能快速地抓住产品卖点，打动客户。

(4) 引导销售人员怎样降低客户对价格的敏感性：主谈产品的性价比，而不是只谈价格。

(5) 为销售员指明了工作方向：怎样做业务，研究竞争对手的哪些信息等。

(6) 培养市场和销售人才，熟悉产品销售资源包的制定过程，让销售员对产品销售过程中可能存在的问题有充分准备，提高销售成功率。

(7) 增强了市场部与销售总监的规划能力和意识，使其主动研究竞争对手，主动思考竞争策略；让销售人员能够针对不同的竞争对手提取卖点，灵活运用组合策略。

(8) 转变营销人员的思想，让其意识到卖产品与搞关系同等重要。

销售资源包可保持销售人员行为和业务的一致性和统一性，提升公司的形象，加强公司的市场营销竞争力。

我们清楚了销售资源包是销售人员必备的"武器"，但要根据客户群的特点和市场竞争情况，编制有"杀伤力"的销售资源包是一个系统工程。在论述怎么编制销售资源包之前需要弄清楚并学会应用两个重要模型：$APPEALS 模型和 FFAB 模型。

第 9 章
客户需求 $APPEALS 模型及其应用

* * * * * *

企业的竞争，本质上是产品的竞争，因为产品的竞争能力往往直接决定最终的成败。可是从哪些方面来判断产品竞争力的强弱呢？又如何预判企业的产品竞争力呢？

产品竞争力是指产品符合市场要求的程度，这种要求具体体现在消费者对产品各种竞争力要素的考虑和要求上。

产品最终是面向客户，被客户享用的，它的竞争力直接和重要评价者是消费者。因此，在评估产品竞争力要素的时候，需满足消费者的欲望和需求，从消费者的角度去制定产品竞争力影响要素，正确分析产品竞争力大小。本章使用客户需求 $APPEALS 模型，从客户角度来审视产品的竞争力。

9.1 客户需求 $APPEALS 模型

客户需求 $APPEALS 模型，是基于客户价值的产品概念，从客户角度来审视细分项目的竞争性，它使用客户欲望和需求框架，通过评价自身产品与竞争对手之间的差距，分析公司在细分市场或产品的竞争地位。$APPEALS 模型从价格、保证、性能、包装、易用性、可获得性、生命周期成本、社会接受程度 8 个维度进行分析。

$APPEALS 模型就是从 8 个维度对产品进行客户需求定义和产品定位。$APPEALS 为 8 个要素或维度的英文第一个字母的组合而成的：$——价格 (美元符号 $)，A——可获得性 (Availability)，P——性能 (Performance)，P——包装 (Packaging)，E——易用性 (Easy to use)，A——保证 (Assurances)，L——生命周期成本 (Life cycle cost)，S——社会接受程度 (Social acceptance)，如图 9-1 所示。客户需求 $APPEALS 模型指标描述如表 9-1 所示。客户需求 $APPEALS 模型指标影响因素如表 9-2 所示。

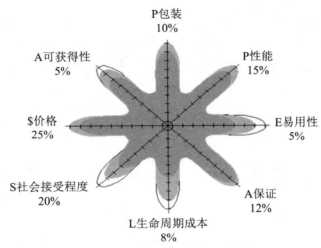

图 9-1　$APPEALS 模型的 8 个维度

表 9-1　客户需求 $APPEALS 模型指标描述

指标	指标描述
$ 价格	1. 表示消费者对于他们获得的合格产品或服务所愿意支付的价格 2. 考虑的是所付出的价格，包括技术、原材料、劳动力、经验、自动化、简单性、制造能力等
A 可获得性	1. 表示消费者的购买体验：更容易、更有效 2. 考虑整个购买过程消费者的满意程度，包括售前技术支持和示范、购买渠道 / 偏好的供应商、送货时间、消费者定制能力等
P 性能	1. 表示消费者期望的产品性能和功能 2. 相对于消费者期望的产品性能和功能，还要考虑实际的和消费者感知的产品性能和功能
P 包装	1. 表示设计质量、性能、外观的一种主观视觉属性 2. 包装要从消费者的角度考虑形式、设计等，包括风格、模块化、整体性、质地、颜色、图形、工业设计等

(续表)

指标	指标描述
E 易用性	1. 表示产品或服务易于使用方面的属性 2. 考虑消费者的观点，如舒适、学习、文档、支持、人机交互、显示、感官输入／输出、界面、直观等
A 保证	1. 一般用于表示可靠、安全、品质 2. 考虑的是消费者对该产品在可预见的条件下是否能够实现预定功能的担心程度评估，包括保证、证书、冗余设计、强度等属性
L 生命周期成本	1. 表示整个产品生命周期的使用成本 2. 要考虑以下成本：安装、培训、服务、供应、能耗、折让及报废处理等
S 社会接受程度	1. 表示影响购买决策的其他因素 2. 从以下方面来推动消费者做出购买决策：语言、第三方专家的观点和意见、咨询顾问的观点和意见、形象、行业标准、规章制度、法律关系、产品可靠性等

表 9-2　客户需求 $APPEALS 模型指标影响因素

$ 价格	A 可获得性	P 包装	P 性能
• 设计 • 可生产性 • 技术 • 材料 • 生产 • 供应商 • 制造 • 部件 • 人力成本 • 管理成本 • 装备 • 定价	• 营销 • 销售 • 渠道 • 分销 • 交货期 • 广告 • 配置 • 选件 • 客户定制	• 外形 • 尺寸、数量 • 几何设计 • 模块化 • 架构 • 表面 • 结构 • 标识 • 图形 • 内部、外部	• 功能 • 吸引力 • 规格 • 功率 • 速度 • 容量 • 灵活性 • 多功能 • 尺寸

E 易用性	A 保证	L 生命周期成本	S 社会接受程度
• 用户友好度 • 操纵控制 • 显示 • 人机交互 • 培训 • 文档 • 帮助系统 • 人性化因素 • 接口 • 操作	• 可靠性 • 质量 • 安全性 • 误差幅度 • 完整性 • 强度 • 灵活性 • 动力 • 负荷量 • 冗余	• 寿命 • 正常运行／停工时间 • 保险 • 责任 • 可维护性 • 服务 • 备件 • 迁移路径 • 标准化 • 基础设施 • 运转成本	• 间接影响 • 顾问 • 采购代理商 • 标准组织 • 政府 • 社会认可程度 • 法律事宜 • 政治 • 股东 • 管理层 • 工人、工作场所

9.2 客户需求 $APPEALS 模型使用方法

可参照客户需求$APPEALS模型流程(见图9-2),对产品竞争力进行评价。

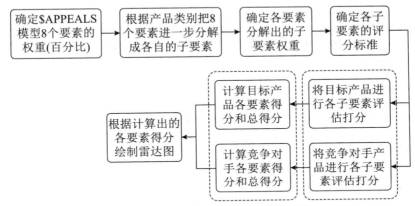

图 9-2 客户需求 $APPEALS 模型流程

第一步:确定 $APPEALS 的 8 个要素的权重,即 a_1,$a_2 \cdots a_i \cdots a_8$,且 $\sum_{i=1}^{8} a_i = a_1 + a_2 + \cdots + a_i + \cdots + a_8 = 100\%$;每项指标会因行业、时间、区域的不同而不同。

$APPEALS 模型中的 8 个要素权重的确定可选用 721 分配法。

第一步,把这 8 个要素根据产品及行业的特点:确定为基本需求要素 2 ～ 3 个;满意需求要素 2 ～ 3 个,吸引力要素 2 ～ 3 个,然后根据 70%、20% 和 10% 的权重确定。基本需求要素、满意需求要素和吸引力要素按照重要程度进行内部分解,确定每个要素的权重。最后再把每两个相邻要素进行比较,平衡各要素的权重。

第二步,根据产品类别把 8 个要素进一步分解成多个子要素。根据产品的品类特点,把价格、保证、性能、包装、易用性、可获得性、生命周期成本、社会接受程度 8 个要素进一步细化,分解成多个子要素,例如价格可分解为技术、材料、人力成本、管理成本等;可获得性可分解为渠道、交货期、广告、客户定制等,可参考表 9-2 中各指标的影响因素。

第三步,确定各要素分解出的子要素权重。使用确定 8 个要素同样的方法,对第二步中分解的各要素的子要素分别配以权重,即

$$\sum_{j=1}^{n} a_{ij} = a_{i1} + a_{i2} + \cdots + a_{ij} + \cdots + a_{in} = 100\%$$

(i=1，2，…，8；j=1，2，3，…，n)，n 为小项影响因素的数量。

第四步，确定各子要素评分标准。各要素和子要素的评分标准可根据产品类别和打分习惯制定，一般分为优秀、良好、一般、差、不可接受 5 个等级。例如，可参照 $APPEALS 模型计算见表 9-3，令优秀 =5 分，良好 =4 分，一般 =3 分，差 =2 分，不可接受 =1 分。

第五步，对目标产品进行各子要素评估打分和对竞争对手产品进行各子要素评估打分。一般针对某一个子要素，以对比的方式分别对目标产品和竞争对手产品打分，打分即为 A_{ij}，A_{ij} 的范围为 1 分至 5 分。

第六步，计算目标产品各要素得分和总得分，以及计算竞争对手产品各要素得分及总得分。

可参照公式 (9-1)、公式 (9-2)、公式 (9-3)，其中 B_i 为各子要素的实际得分，C_i 为乘以 8 个要素的权重后的相对得分，D 为目标产品或竞争对手产品的竞争力总得分。

$$B_i = \sum_{j=1}^{n} a_{ij} \cdot A_{ij} = a_{i1} \cdot A_{i1} + a_{i2} \cdot A_{i2} + \cdots + a_{ij} \cdot A_{ij} + \cdots + a_{in} \cdot A_{in} \qquad (9\text{-}1)$$

$$C_i = a_i \cdot B_i \qquad (9\text{-}2)$$

$$D = \sum_{i=1}^{8} C_i = C_1 + C_2 + \cdots + C_i + \cdots + C_8 \qquad (9\text{-}3)$$

表 9-3 $APPEALS 模型计算表

$APPEALS 数据计算（目标/竞争细分市场）								
评分标准	优秀：5		良好：4		一般：3		差：2	不可接受：1
$ 价格			A 可获得性			P 包装		
子要素	a_1	得分	小项	a_2	得分	子要素	a_3	得分
技术	a_{11}	A_{11}	渠道	a_{21}	A_{21}	外形	a_{31}	A_{31}
材料	a_{12}	A_{12}	交货期	a_{22}	A_{22}	几何设计	a_{32}	A_{32}
人力成本	a_{13}	A_{13}	广告	a_{23}	A_{23}	模块化	a_{33}	A_{33}
……			……			……		
管理费用	a_{1n}	A_{1n}	客户定制	a_{2n}	A_{2n}	结构	a_{3n}	A_{3n}
初得分	100%	B_1	初得分	100%	B_3	初得分	100%	B_3

(续表)

$APPEALS 数据计算（目标／竞争细分市场）							
评分标准	优秀：5		良好：4		一般：3	差：2	不可接受：1

$ 价格		A 可获得性		P 包装	
权重后得分	C_1	权重后得分	C_2	权重后得分	C_3

P 性能			E 易用性			A 保证		
子要素	a_4	得分	子要素	a_5	得分	子要素	a_6	得分
功能	a_{41}	A_{41}	操纵控制	a_{51}	A_{51}	质量	a_{61}	A_{61}
功率	a_{42}	A_{42}	显示	a_{52}	A_{52}	安全	a_{62}	A_{62}
……	……	……	……	……	……	……	……	……
尺寸	a_{4n}	A_{4n}	帮助系统	a_{5n}	A_{5n}	冗余	a_{6n}	A_{6n}
初得分	100%	B_4	初得分	100%	B_5	初得分	100%	B_6
权重后得分		C_4	权重后得分		C_5	权重后得分		C_6

L 生命周期成本			S 社会接受程度					
子要素	a_7	得分	子要素	a_8	得分			
寿命	a_{71}	A_{71}	标准组织	a_{81}	A_{81}			
服务	a_{72}	A_{72}	法律事宜	a_{82}	A_{82}			
……	……	……	……	……	……			
运转成本	a_{7n}	A_{7n}	股东	a_{8n}	A_{8n}			
初得分	100%	B_7	初得分	100%	B_8			
权重后得分		C_7	权重后得分		C_8			

第七步，根据统计的得分绘制客户需求雷达图，如图9-3所示。

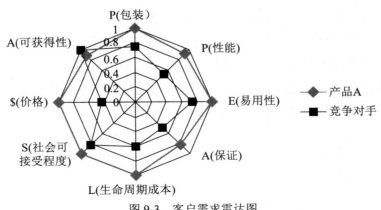

图9-3　客户需求雷达图

9.3 客户需求 $APPEALS 模型应用

CR 公司成立于 1992 年，位于四川东部某地级市。公司致力于为工业应用中各类机械和系统设备提供安全、精准、高效以及高性价比的流体控制系统解决方案。其主要产品包括系列稀油集中润滑系统、系列干油集中润滑系统、系列液压控制系统及元件、能源化工容器及电站辅机。公司产品广泛应用于建材水泥、冶金矿山、电力、石油化工、工程机械等多个行业。

9.3.1 CR公司的销售现状

多年来，CR 公司的销售面临如下问题。

(1) 销售面向客户单打独斗，中后台没有配合与支持，比如售前的技术支持、研发，甚至交付都是被动响应销售需求，这样就变成了只有一个人的销售，或者是销售部门的销售。

(2) 公司对市场环境的研究较少，只有"销"，没有"营"；润滑行业的市场容量有限，公司主打产品可以销售到哪些行业/客户群，每个客户群所关注的关键因素等不够清晰。

(3) 公司市场和销售人员对每种产品的竞争对手了解很少，更没有研究主要竞争对手，不清楚自己产品与竞争对手相比较存在的优劣势。

(4) 销售人员对产品不熟悉，所以，只做"关系"，不做"产品"；销售人员在做业务时，注重与客户搞关系，与竞争对手拼价格；销售人员把丢单的主要原因归结于"价格高"或"回扣少"。

(5) 依赖"销售大拿"做业绩，整个销售团队缺乏战斗力，公司的销售业绩过于依赖一部分"销售大拿"，而销售团队缺乏整体的作战能力。一旦销售核心人员离职，客户就可能丢失，从而出现业绩直线下滑的风险。

通过对以上问题的思考及分析，公司高层确定开展"销售资源包"建设项目，打造系统的销售资源包体系，打造强大的营销队伍。

9.3.2　本项目的$APPEALS模型构建过程

1. 产品维度重要性分析

根据行业特点，找出所分析产品的客户需求 $APPEALS 模型的 8 个要素做重要性分析。可以采用德菲尔法、721 法和 AHP 层级分析法，得出本公司产品不同要素的权重如表 9-4 所示。

表 9-4　CR 公司主打产品的 $APPEALS 模型各要素的权重

公司某一具体产品	
要素	权重 /%
价格	25
社会接受程度	20
性能	15
保证	12
包装	10
生命周期成本	8
易用性	5
可获得性	5
合计	100

2. 二级指标的分解

根据公司产品所处的行业特点，构建 $APPEALS 模型 8 个要素的二级指标体系，例如，价格要素的二级指标为设备购买价、付款方式、其他优惠 (备品备件价格)、售后服务和培训费、运输费等。这些指标决定了 CR 公司的产品所处行业的价格。8 个要素的二级指标分解详见表 9-5。

3. 二级指标的权重分解

根据行业特点和主打产品的客户需求，使用德菲尔法、721 法和 AHP 层级分析等方法构建每个要素的二级指标的重要程度权重，得出结果详见表 9-5 第三列所示。

表 9-5　CR 公司主打产品的 $APPEALS 模型构建表

	竞争子要素	权重 /%	加权权重
价格	设备购买价	66	16.5
	付款方式	15	3.8
	其他优惠（备品、备件价格）	2	0.5
	售后服务、培训费	5	1.3
	运输费	12	3.0
	总体	100	25.0
可获得性	渠道	10	0.5
	交货及时性	35	1.8
	调试时间（服务人员到位）	55	2.8
	总体	100	5.0
包装	运输包装（方便起吊）	5	0.5
	防尘、防潮	5	0.5
	外观（油漆、焊缝、光洁度）	40	4.0
	人性化设计（人孔盖、消泡装置）	45	4.5
	结实（机器、外包装）	5	0.5
	总体	100	10.0
性能	过滤精度	15	2.3
	压力（流量）	15	2.3
	智能性	15	2.3
	节能性	2	0.3
	过滤面积		0.0
	换热面积	15	2.3
	温度控制	15	2.3
	稳定性	23	3.5
	总体	100	15.0
易用性	易于维护、维修	60	3.0
	环境实用性（高原、高温、低温）	10	0.5
	操作方便性（符合操作习惯）	10	0.5
	设备资料的完备性	15	0.8
	易安装性	5	0.3
	总体	100	5.0

(续表)

竞争子要素		权重 /%	加权权重
保证	保修服务性（运行时间）	15	1.8
	可靠性（售后服务、服务及时性、无故障时间）	50	6.0
	使用年限	5	0.6
	安全性	30	3.6
	总体	100	12.0
生命周期成本	维护费用	30	2.4
	易损件费用	50	4.0
	运营成本（节能性）	10	0.8
	售后服务费用	10	0.8
	总体	100	8.0
社会接受程度	品牌（业绩）	45	9.0
	政策（专利、产业政策符合度）	18	3.6
	行业排名、市场占有率	15	3.0
	促销活动（主机装备展会、行业媒体广告）	10	2.0
	资质	12	2.4
	总体	100	20.0

4. 各项指标的竞争力打分

对各项二级指标进行打分是为了系统地从多个方面将公司产品与竞争对手产品进行一一比较，从而制定出合理且具有针对性的市场竞争策略。

通过市场人员和销售人员讨论，CR 公司主打产品 XGD-C160/500 的竞争对手主要有 3 个，分别是竞争对手 1、竞争对手 2、竞争对手 3。

竞争力打分，就是针对 $APPEALS 模型二级指标的每个子要素，根据竞争力的大小给包含 CR 公司和 3 个竞争对手共 4 个公司打分，打分指标为 46 个，详细打分结果详见表 9-6。

打分规则如下。

(1) 站在最终消费者的角度做出客观评价。为了得到真实有效的数据，可通过销售人员征求客户意见再填写。

(2) 主要通过数字评分来表示在各项子要素中各产品的情况，最好的 10 分，最差的 1 分。比如价格这一栏，如果 CR 公司的产品价格为 5 万元、竞争对手 1 的产品为 5.5 万元，竞争对手 2 的产品为 4.5 万元，竞争对手 3 的产品为 4 万元，那么分别打分为 CR 公司为 7，竞争对手 1 为 6，竞争对手 2 为 8，竞争对手 3 为 9。如果差距比较大，可通过分数差别拉开差距。

5. 竞争力得分计算

产品的竞争力得分就是 8 个要素得分之和，其中，每个要素的得分是每个二级指标的加权权重乘以打分之和，再除以 10 所得，详见表 9-6。

以价格为例，竞争对手 1 的价格竞争力的计算过程如下。

价格要素的二级指标分为设备购买价、付款方式、其他优惠 (备品、备件价格)、售后服务和培训费、运输费 5 个指标，则

竞争对手 1 的价格竞争力得分 =(设备购买价权重 ×25%× 打分 + 付款方式权重 ×25%× 打分 + 其他优惠权重 ×25%× 打分 + 售后服务和培训费权重 ×25%× 打分 + 运输费权重 ×25%× 打分)/10

即

$$C_1=\frac{1}{10}\times(66\times25\%\times9+15\times25\%\times8+2\times25\%\times8+5\times25\%\times8+12\times25\%\times8)=22$$

同理，求得 $C_2=22$；$C_3=18$；$C_{CR}=18$。

以此类推，求得其他 7 个要素的竞争力得分，并进一步求得每个公司的产品综合竞争力得分。

6. 制定个性化的市场竞争策略

根据以上的 $APPEALS 模型比较分析，得出了 CR 公司主打产品 XGD-C160/500 与 3 个竞争对手分别在 8 个要素上的优势和劣势，并进一步制定相应的竞争策略。CR 公司产品的总体策略和注意事项，为销售资源包各个成果的制定提供支撑和依据，详见 CR 公司针对竞争对手 3 的市场竞争策略表 9-7、CR 公司针对竞争对手 1 的市场竞争策略表 9-8 和 CR 公司针对竞争对手 2 的市场竞争策略表 9-9。

表 9-6　CR 公司主打产品竞争优势分析

竞争各子要素		权重/%	加权权重	竞争对手1打分	竞争对手1得分	竞争对手2打分	竞争对手2得分	CR产品打分	CR产品得分	竞争对手3打分	竞争对手3得分
价格	设备购买价	66	16.5	9	149	9	149	7	116	7	116
	付款方式	15	3.8	8	30	9	34	7	26	7	26
	其他优惠（备品、备件价格）	2	0.5	8	4	8	4	8	4	8	4
	售后服务、培训费	5	1.3	8	10	7	9	8	10	7	9
	运输费	12	3.0	8	24	8	24	8	24	8	24
	总体	100	25.0		22		22		18		18
可获得性	渠道	10	0.5	7	4	5	3	9	5	5	3
	交货及时性	35	1.8	8	14	8	14	8	14	8	14
	调试时间（服务人员到位）	55	2.8	8	22	8	22	8	22	7	19
	总体	100	5.0		4		4		4		4
包装	运输包装（方便起吊）	5	0.5	8	4	8	4	8	4	8	4
	防尘、防潮	5	0.5	8	4	8	4	8	4	8	4
	外观（油漆、焊缝、光洁度）	40	4.0	8	32	7	28	9	36	9	36
	人性化设计（人孔盖、消泡装置）	45	4.5	8	36	6	27	8	36	7	32
	结实（机器、外包装）	5	0.5	7	4	7	4	7	4	7	4
	总体	100	10.0		8		7		8		8

（续表）

竞争各子要素		权重/%	加权权重	竞争对手1打分	竞争对手1得分	竞争对手2打分	竞争对手2得分	CR产品打分	CR产品得分	竞争对手3打分	竞争对手3得分
性能	过滤精度	15	2.3	8	18	8	18	8	18	8	18
	压力（流量）	15	2.3	8	18	8	18	8	18	8	18
	智能性	15	2.3	8	18	8	18	8	18	8	18
	节能性	2	0.3	8	2	8	2	8	2	8	2
	过滤面积		0.0		0	8	0	8	0	8	0
	换热面积	15	2.3	8	18	8	18	8	18	8	18
	温度控制	15	2.3	8	18	8	18	8	18	8	18
	稳定性	23	3.5	8	28	7	24	9	31	8	28
	总体	100	15.0		12		12		12		12
易用性	易于维护、维修	60	3.0	7	21	7	21	7	21	7	21
	环境实用性（高原、高温、低温）	10	0.5	7	4	7	4	7	4	7	4
	操作方便性（符合操作习惯）	10	0.5	7	4	7	4	7	4	7	4
	设备资料的完备性	15	0.8	9		8		8		8	
	易安装性	5	0.3	7	2	7	2	7	2	7	2
	总体	100	5.0		3		3		3		3

（续表）

竞争各子要素		权重/%	加权权重	竞争对手1打分	竞争对手1得分	竞争对手2打分	竞争对手2得分	CR产品打分	CR产品得分	竞争对手3打分	竞争对手3得分
保证	保修服务性（运行时间）	15	1.8	8	14	8	14	8	14	8	14
	可靠性（售后服务、服务及时性、无故障时间）	50	6.0	8	48	7	42	9	54	7	42
	使用年限	5	0.6	8	5	8	5	8	5	8	5
	安全性	30	3.6	8	8	8	8	8	8	8	29
	总体	100	12.0		8		7		8		9
生命周期成本	维护费用	30	2.4	8	19	8	19	8	19	8	19
	易损件费用	50	4.0	6	24	7	28	6	24	7	28
	运营成本（节能性）	10	0.8	7	6	7	6	7	6	7	6
	售后服务费用	10	0.8	6	5	6	5	6	5	6	5
	总体	100	8.0		5		6		5		6
社会接受程度	品牌（业绩）	45	9.0	7	63	6	54	9	81	7	63
	政策（专利、产业政策符合度）	18	3.6	8	29	7	25	9	32	8	29
	行业排名、市场占有率	15	3.0	7	21	6	18	9	27	7	21
	促销活动（主机装备展会、行业媒体广告）	10	2.0	8	16	8	16	8	16	8	16
	资质	12	2.4	7	17	6	14	8	19	8	19
	总体	100	20.0		15		13		18		19
总体			100.0	0	76		72	0	77	0	74

表 9-7　CR 公司针对竞争对手 3 的市场竞争策略

内容	要素	优势	劣势	相当	主要竞争策略
CR 公司与竞争对手 3 的比较	价格 25%			购买价、付款方式基本相当，运费都包含在报价中	1. 强调公司在水泥行业的业绩和品牌知名度，降低客户对价格的关注度； 2. 可采取运费和购买对外分开报价的策略，特别是对于那些路程较远的客户，可采用差异化报价方式
	可获得性 5%	1. 营销渠道／营销网络健全，分布广； 2. 服务及时性好，服务网络健全		交货及时性相当	1. 在竞争中充分发挥公司营销网络健全的优势，获得客户的真实需求； 2. 对客户强调公司营销网络、服务网络健全，可以为以后的服务及时性提供保障
	包装 10%	1. 内在质量有保障； 2. 人性化设计		运输包装、防尘防潮和外观设计相当	强调公司产品的人性化设计，例如，人孔盖和消泡装置等
	性能 15%	稳定性好		润滑功效、节能性和智能控制相当	强调公司的产品稳定性好，并通过 FFAB 模型大力宣传公司产品的稳定性，及给客户带来什么好处，在行业内的业绩好
	易用性 5%			维修、维护、环境的适应性都基本相当	强调公司产品在行业的业绩，强调公司更熟悉水泥行业对产品的要求
	保证 12%	售后服务及时、专业		安全性、使用年限相当	强调公司的服务网络健全，服务理念及及时性好，并举例说明
	生命周期成本 8%			运营成本、服务费用相当	不主动提起此要素，客户先提出时承认与竞争对手不相当，但也没有劣势
	社会接受程度 20%	有专利产品（补偿装置），业绩好，市场占有率高	综合品牌略低（行业拓展面广一些）	促销活动和资质相当	重点宣传公司在水泥行业的销售业绩好，行业市场占有率高

（续表）

内容	要素	优势	劣势	相当	主要竞争策略
我方亮点		1. 营销网络健全、分布广，服务及时性好；2. 产品的人性化设计走在行业的前列；3. 产品的稳定性好；4. 在水泥行业的销售业绩第一，市场占有率达到了90%以上；5. 有专利产品（朴偿装置）			
注意事项					1. 在和客户的交流沟通中，不要只谈价格，而注重性价比，不要把公司的产品等同于国内的一般公司的产品，公司不和竞争对手拼价格，而是注重产品质量和产品的稳定性；2. 强调公司的品牌，而业绩是中高档产品，立志进入国际市场，成为国际知名品牌

表 9-8　CR 公司针对竞争对手 1 的市场竞争策略

内容	要素	优势	劣势	相当	主要竞争策略
CR 公司与竞争对手 1 的比较	价格 25%		购买价相对较高，付款方式不灵活	运费和备件等都是免费的	1. 强调公司在水泥行业的业绩和品牌知名度，降低客户对价格的关注度；2. 对于战略客户可适当降价，但是不要一味拼价格；3. 可采取运费和购买价分开报价的策略，特别是对于那些路程较远的客户，可采用差异化报价方式
	可获得性 5%	1. 营销渠道/营销网络健全、分布广；2. 服务及时性好，服务网络健全		交货及时性和调试人员到位及时性相当	1. 在竞争中充分发挥公司营销网络的优势，获得客户真实需求；2. 对客户强调公司营销网络、服务网络健全，可以为以后的服务及时性提供保障
	包装 10%	外观（油漆、焊缝、光洁度）好；内在质量有保障		运输包装、防尘防潮和人性化设计相当	强调公司注重产品质量，有将产品做成精品的理念，例如，油漆、焊缝、光洁度等质量高
	性能 15%	稳定性好		润滑功效、节能性和智能控制相当	强调公司的产品稳定性好，并通过 FFAB 模型大力宣传产品的稳定性，以及给客户带来什么好处

（续表）

内容	要素	优势	劣势	相当	主要竞争策略
CR公司与竞争对手1的比较	易用性 5%		设备资料的完整性较差	维修、维护、环境的适应性都基本相当	1. 强调公司产品在行业对产品的要求，强调公司更熟悉水泥行业对产品的要求；2. 对于完备的设备资料给予承诺，另外，销售人员自己可送给客户一套
	保证12%	售后服务及时、专业		安全性、使用年限相当	强调公司的服务网络健全，服务理念及时性好，并举例说明
	生命周期成本8%			运营成本、服务费用相当	因为生命周期成本在润滑行业的比重很多，并且几个竞争对手基本差不多，客户不提，自己不要主动讲
	社会接受程度20%	有专利产品（补偿装置）；业绩好，市场占有率高；资质好		促销活动相当	1. 重点宣传公司的销售行业的销售业绩好，达到了90%以上；2. 资质好、行业内的信誉好；3. 品牌知名度高
我方卖点	1. 营销网络健全、分布广，服务及时性好； 2. 产品的外观好、内在质量有保障，公司有打造精品的理念； 3. 产品的稳定性好； 4. 在水泥行业的销售业绩第一，市场占有率达到了90%以上； 5. 有专利产品（补偿装置）； 6. 资质好				
注意事项	1. 在和客户的交流沟通中，不要重点谈价格，而是注重产品质量，有打造精品的理念； 2. 强调公司的品牌、业绩和产品的稳定性； 3. 宣传公司的产品是中高端产品，立志进入国际市场，成为国际知名品牌				1. 在和客户的交流沟通中，不要重点谈价格，公司不和竞争对手拼价格，不要把公司的产品等同于国内一般公司的产品，成为国际知名品牌

124

表 9-9 CR 公司针对竞争对手 2 的市场竞争策略

内容	要素	优势	劣势	相当	主要竞争策略
CR 公司与竞争对手 2 的比较	价格 25%	售后服务好、培训费比较低	购买价高、付款方式不灵活	运费和备件等都是免费的	1. 强调公司在水泥行业的业绩和品牌知名度，降低客户对价格的关注度； 2. 对于战略客户可适当降价，但是不要一味拼价格； 3. 可采取运费和购买分开报价的策略，特别是对于那些垫路程较远的客户，可采用差异化报价方式； 4. 强调公司售后服务、培训的优势
	可获得性 5%	1. 营销渠道/营销网络健全、分布广； 2. 服务网络健全		交货及时性和调试人员到位及时性相当	1. 在竞争中充分发挥自己营销网络健全的优势、获得客户的真实需求； 2. 对客户强调公司营销网络、服务网络及时性提供保障
	包装 10%	外观好（油漆、光洁度）好；设计人性化		运输包装、防尘防潮相当	1. 强调公司注重产品质量、有把产品做成精品的理念； 2. 强调公司产品的人性化设计，例如，人孔盖和消泡装置等设计科学、合理
	功能/性能 15%	产品的稳定性好		润滑功效、节能性和智能控制相当	强调公司产品稳定性好，并通过 FFAB 模型大力宣传产品带来什么好处
	易用性 5%			维修、维护，环境的适应性都基本相当	强调公司产品在行业的业绩，以及行业对产品的要求，强调公司更熟悉水泥行业对设备的要求；对于完善的设备资料给予承诺，可送给客户一套
	保证 12%	售后服务及时、专业		安全性、使用年限相当	强调公司的服务网络健全、服务理念及时性好，并举例说明

（续表）

内容	要素	优势	劣势	相当	主要竞争策略
CR公司与竞争对手2的比较	生命周期成本8%		易损件费用比较高（价格高）	运营成本、服务费用相当	1. 易损件价格高，但是质量比较好，有保障； 2. 说明公司的易损件相对于竞争对手来说，更换的频率更低，对客户更合适
	社会接受程度20%	有专利产品（补偿装置）：业绩好(90%)，市场占有率高；资质好		促销活动相当	1. 重点宣传公司在水泥行业的销售业绩好，行业市场占有率高； 2. 资质好，行业内的信誉好； 3. 品牌知名度高
我方卖点	1. 营销网络健全，分布广，服务及时性好； 2. 产品的外观好，内在质量有保障，公司有打造精品的理念； 3. 产品的人性化设计走在行业的前列，并且产品的稳定性好； 4. 在水泥行业的销售业绩第一，市场占有率达到了90%以上； 5. 有专利产品（补偿装置）； 6. 资质好				
注意事项	1. 在和客户的交流沟通中，不要重点谈价格，公司不和竞争对手拼价格，而是注重产品质量，有打造精品的理念； 2. 强调公司的品牌，业绩和产品的稳定性； 3. 宣传公司的产品定位是中高档产品，立志进入国际市场，成为国际知名品牌				

第 10 章
FFAB 模型及其应用

* * * * *

一个产品的价值绝不在于它有多少功能，而是在于为客户解决了什么问题，创造了多少价值或者节省了多少成本。客户的使用场景不同，需要解决的问题也不一样，如何向客户宣传并使客户信服呢？

我们先分享一个产品销售的情景案例：

小李计算机的鼠标没电了，于是他到商店里买新电池。柜台里有两种电池，一种是国产电池，另一种是进口电池，进口电池比国产电池的价格贵一倍。小李犹豫了，不知是买进口电池好，还是买国产电池好？这时售货员过来了，拿出一个国产电池和一个进口电池，在手上掂了掂后，说："先生您看，这个进口电池非常重。"售货员暗示买进口电池实际上花的钱更少。"重"就是技术功能、特点与客户花钱少的"桥梁"。

如何架起"研发人员的功能开发"与"解决客户需求或痛点"之间的"桥梁"呢？

FFAB 模型就是连接"技术语言"与"客户语言"的纽带或桥梁。

10.1 FFAB 模型内涵

FFAB 是一个把产品的技术（功能）特点转换为产品卖点的工具，反过来，其也可以把客户产品的利益需求点转换为技术功能点。

FFAB 对应的英文单词是：feature、function、advantage 和 benefit，按照这样的顺序来介绍产品，就是说服性演讲的结构，它达到的效果就是让客户相信你的产品是最好的。

F(feature) 是指产品的属性。

F(function) 是指产品的功能，特殊的卖点。

A(advantage) 是指产品的作用。

B(benefit) 是指产品能给客户带来的益处。这一点是客户最关心，也是最重要的，一定要把握住客户心里想要的东西。

FFAB 是将产品的特点与客户的利益连接起来的方法，把技术特点转化为客户的利益，形成产品的卖点。FFAB 模型各要素之间的关系如图 10-1 所示。

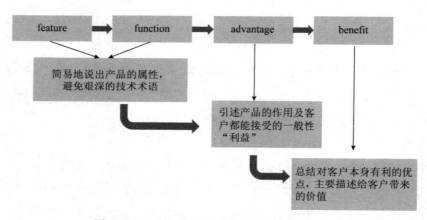

图 10-1　FFAB 模型各要素之间的逻辑关系

1. 属性(feature)

Feature 是指产品或解决方案的功能，这些功能需要什么技术（属性）支持。人们经常把它翻译成特征或特点，就是区别于竞争对手的地方，当销售人员介绍产品优点并将其与竞争对手的产品进行比较时，往往会让客户产生一定的抵触情绪。

原因是什么呢？不应把 feature 翻译成特征或特点，而应翻译成属性，即你的产品所包含的客观现实、所具有的属性，比如讲台是木头做的，"木头做的"就是产品所包含的某项客观现实、所具有的属性。

2. 功能(function)

Function 是指解决客户的问题或痛点需要什么功能,是因属性 (feature) 而带来的功能。功能,在这里不仅仅直接强调产品的目的和用途,还强调产品所包含的"属性"导致的产品所具有的突出功能,例如我公司的茶杯具有耐高温的功能 (function),其原因是该茶杯采用了高强度塑料 (feature)。

3. 作用(advantage)

很多销售人员把 advantage 翻译成了优点,优点是该产品比竞争对手好的方面,这自然会让客户产生更大的抵触情绪,因为我们所面临的竞争对手非常多,相似的产品也很多,我们公司的产品不可能比所有的产品都好。现实中的每一个产品都有各自的特征和优点,当销售人员说产品的某个功能比竞争对手好的时候,客户就会产生非常大的抵触情绪。实际上,在销售中把 A(advantage) 翻译成作用会更好一些,这个作用更多理解为我们的产品能够给客户带来哪些用处。例如,茶杯采用高强度塑料,即使装很烫的开水,也不会炸裂。

4. 好处(benefit)

Benefit 是指为客户解决了哪些问题,给客户带来了哪些利益。比如,茶杯采用高强度塑料,即使装很烫的开水,也不会炸裂。其好处 (benefit) 是在冬天,普通玻璃杯盛放开水时非常容易炸裂,危及人身安全,只要使用该茶杯就可以避免这样的事故。

应用 FFAB 模型就应该这样解释,这个茶杯是采用高强度塑料做的,具有耐高温功能,即使装很烫的开水也不会炸裂,保护您和孩子的人身安全。这样的逻辑结构,是你说服性的演讲结构,只有这样的结构才能让客户觉得你的产品满足了他的需求,并且愿意购买你的产品。

FFAB 模型的价值逻辑是:

F(feature) → F(function) 将技术语言转化为客户语言;

F(function) → A(advantage) 将客户的语言转化为产品的作用;

A(advantage) → B(benefit) 将产品的作用转化为客户的好处。

把 FFAB 模型分为三个象限,梳理清楚产品属性、功能、作用和好处之间的逻辑关系。

FFAB 模型的含义如图 10-2 所示。

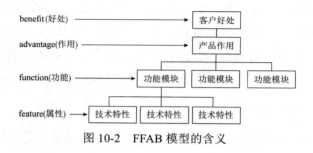

图 10-2　FFAB 模型的含义

10.2　基于 FFAB 模型挖掘产品卖点

产品经理或市场销售人员因为不懂技术，明知道自己产品的优点非常有说服力，但就是不知道如何说服客户。如何把技术人员的"技术模型"转换成客户的"心理模型"能接受的语言呢？ FFAB 模型就能起到这个"转换器"的作用，最好的做法是把产品经理、销售人员和技术开发人员聚在一起共同制作完成产品的FFAB 模型，具体方法如下。

第一步，构建产品的 FFAB 模型，就是建立 FF、AF 和 BA 三个象限相关联的矩阵模型，可在 Excel 表格中建立。

第二步，首先以产品研发的技术人员为主，尽量多地找出本产品有哪些关键的技术属性 F(feature)，例如本公司稀油站设备的主要技术属性 F 有：三维立体软件设计、数控火焰切割机、抛丸机、万能弯管机、烤漆房（产品整体烤漆）、金属盘式切割机、金属带锯、专利技术 7 项、油站不漏油工艺保障、氩弧焊焊接技术、高颈法兰技术、油箱内部防腐不掉漆、温度控制新技术、管式冷却器、过滤器人性化设计（保证轻松切换）、人孔盖外观美观、加热器不结碳等，将其填写在 FFAB 模型的第三个象限"FF"中。

第三步，包括技术人员、产品经理和市场人员在内的全体人员讨论确定完成FFAB 模型的第三个象限"FF"，即首先选取某一项 F(feature) 的技术属性因素，可能产生哪些产品功能 F(function)，例如"加热器不结碳"这项技术属性会产生"油品清洁度好"这项产品功能 F(function)；然后以此类推，继续找出其他每一项技术特性因素，完成整个"FF"象限，如图 10-3 所示。

操作控制方面	恒流恒压	焊接(单面焊接双面成型)	冷却效果好	抛丸	切口表面光滑	自动恒温	提高油漆附着力	油漆硬度高、光亮	管路冷弯成型	油品清洁度好	不漏水、油	外形设计美观	function / feature	
												■	三维立体软件设计	软件
												■	清华天河的PCCAD	
					■								数控火焰切割机	硬件
				■									抛丸机	
									■				万能弯管机	
								■					烤漆房(产品整体烤漆)	
		■											金属盘式切割机	
		■											金属带锯	
													专利技术7项	工艺技术
											■		油站不漏油工艺保障	
		■											氩弧焊焊接技术	
		■											高颈法兰技术	
							■						油箱内部防腐不掉漆	
						■							温度控制新技术	
			■										管式冷却器	
■													过滤器人性化设计(保证轻松切换)	
■													人孔盖外观美观、操作容易(采用冲压件)	
										■			通过质量控制筛选供应商	
													加热器不结碳	

图 10-3　FFAB 模型的"FF"象限

第四步，用同样的方法，讨论确定完成 FFAB 模型的第二个象限"AF"，即选取某一项产品的功能因素 F(function)，会形成哪些产品作用 A(advantage)，然后继续找出其他项的产品功能因素 F(function) 会形成哪些产品作用 A(advantage)，最终完成整个"AF"象限。例如，稀油站设备的功能因素"油品清洁度好"还会产生"延长油品使用寿命"这项产品作用。FFAB 模型的"AF"象限如图 10-4 所示。

第五步，同理，讨论确定完成 FFAB 模型的第一个象限"BA"，即选取某一项产品的作用 A(advantage)，会形成客户群所关注的哪些产品好处 B(benefit)，然后继续找出其他项的作用 A(advantage) 分别形成客户群所关注的哪些好处，最终完成整个"AB"象限，例如，稀油站设备的"延长油品使用寿命"这项作用 A(advantage) 会形成"主机的使用寿命长"这项客户群所关注的好处 B(benefit)。FFAB 模型的"BA"象限如图 10-5 所示。

图10-4 为 FFAB 模型的"AF"象限矩阵表，纵轴（advantage）自上而下为：箱体圆弧设计、恒流恒压、切口表面光滑、油漆硬度高、光亮、不漏水、油、外形设计美观、防尘防水、操作方便(过滤器切换)、换热效率高、油箱内部防腐，不掉漆、部件互换性好、保证主机油膜厚度、恒温控制、球阀、延长油品使用寿命；横轴（function）自左至右为：操作控制方面、恒流恒压、焊接(单面焊接双面成型)、冷却效果好、抛丸、切口表面光滑、自动恒温、提高油漆附着力、油漆硬度高、光亮、管路冷弯成型、油品清洁度好、不漏水、油、外形设计美观。

图 10-4　FFAB 模型的"AF"象限

图10-5 为 FFAB 模型的"BA"象限矩阵表，横轴（benefit）自左至右为：保证设备故障率小、安全、便于设备清洁、美观、便于维修、主机的使用寿命长、减少系统污染(减少换油)、减少换油、节能、减少运行成本、使用时间长、操作简单(人孔盖、过滤器的切换)；纵轴（advantage）自上而下为：箱体圆弧设计、恒流恒压、切口表面光滑、油漆硬度高、光亮、不漏水、油、外形设计美观、防尘防水、操作方便(过滤器切换)、换热效率高、油箱内部防腐，不掉漆、部件互换性好、保证主机油膜厚度、恒温控制、球阀、延长油品使用寿命。

图 10-5　FFAB 模型的"BA"象限

我公司的稀油站有"使用寿命长"的优点，因为我们的稀油站设备采用了专利技术7项以及"温度控制新技术""管式冷却器""自动恒温技术""加热器不结碳"等独特技术，从而具备"恒流恒压""冷却效果好""自动恒温""油品清洁度好"4项功能，进而具有"恒压恒流""换热效率高""保证主机油膜厚度""延长油品使用寿命"4个优点。我公司稀油站设备的"使用寿命长"，能为贵公司运营节省成本，创造更多价值。也可以按照FFAB逻辑关系解释其中某一条技术路径，例如：我公司产品稀油站设备因为采用温度控制新技术，因而具有"冷却效果好"的独特功能以及"换热效率高"的优点，使用寿命长，可以为公司节省成本，具体细节如图10-6所示。

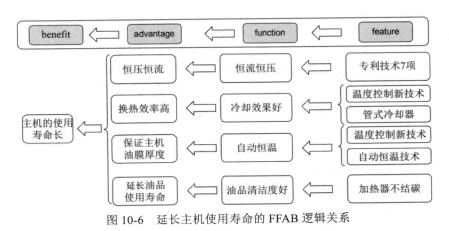

图 10-6 延长主机使用寿命的 FFAB 逻辑关系

10.3 FFAB 模型的应用

10.3.1 构建稀油站XGD-C160/500的FFAB模型

为稀油站 XGD-C160/500 构建 FFAB 模型，结果见图10-7，进一步梳理得出产品的卖点及其原因。

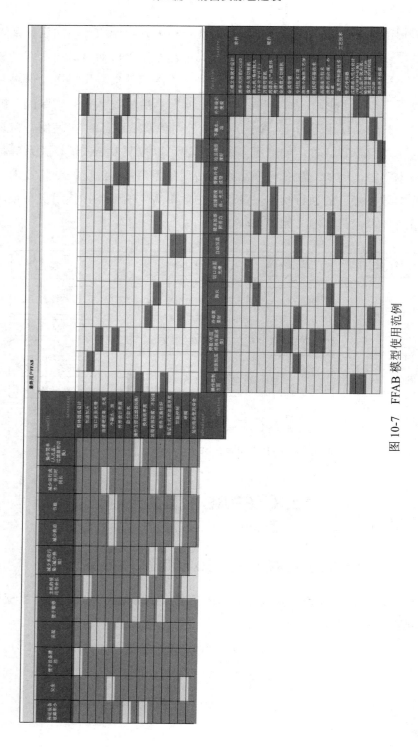

图10-7　FFAB模型使用范例

10.3.2　挖掘产品卖点

根据以上 FFAB 模型对稀油润滑设备的分析，可以发现稀油润滑产品具备如下主要优点。

1. 设备故障率小

设备故障率小的原因如下。

(1) 产品防尘、防水。

(2) 换热效率高，冷却效果好，温度控制采用温控阀等新技术。

(3) 采用恒流控制技术，具有外观专利（多泵多腔、单泵多腔）。

(4) 严把质量控制关，筛选质量稳定的合格供应商。

2. 运行安全可靠

稀油润滑产品运行安全可靠的原因如下。

(1) 产品保证不漏水、不漏油，采取氩弧焊焊接技术及高颈法兰技术。

(2) 焊接采取单面焊接双面成型：①采用金属盘式切割机；②采用金属带锯。

(3) 管路全部采用球阀控制。

3. 设计美观、大方，便于清洁

稀油润滑产品设计美观、大方，便于清洁的原因如下。

(1) 管路切口表面光滑。管路表面光滑的原因为：①采用金属盘式切割机；②采用金属带锯；③采取氩弧焊焊接技术及高颈法兰技术。

(2) 油漆硬度高并且光亮。其原因为：①产品采用整体烤漆技术；②油漆有层次感。

(3) 油箱设计佳。其原因为：①采取三维立体软件设计；②油箱集油槽设计合理。

4. 便于维修

产品便于维修的原因如下。

(1) 操作方便：①过滤器人性化设计，保证轻松切换；②人孔盖外观美观，操作容易。

(2) 部件互换性好。

5. 主机设备寿命长

主机设备寿命长的原因如下。

(1) 产品采用恒流、恒压技术。

(2) 换热效率高，冷却效果好，温度控制采用温控阀等新技术。

(3) 采用恒流控制技术，具有外观专利（多泵多腔、单泵多腔）。

(4) 严把质量控制关，筛选具有稳定质量的合格供应商。

(5) 延长油品使用寿命：①加热器采取隔离式加热，保证加热器不结碳；②箱体表面、冷却器不渗水。

6. 减少系统污染并减少换油次数

减少系统污染并减少换油次数的原因如下。

(1) 油箱内部防腐蚀并且不掉漆。其原因为：①采用抛丸机整体抛丸 10 个立方以下；②油站外部使用整体烤漆技术。

(2) 保证主机油膜厚度。其原因为：①油站采用自动恒温新技术；②严把质量控制关，筛选质量稳定的合格供应商。

(3) 延长油品使用寿命。加热器采取隔离式加热，保证加热器不结碳。

7. 运行成本低、使用时间长

产品运行成本低、使用时间长的原因如下。

(1) 产品管道全部采用球阀控制，产品保证不漏水、不漏油。

(2) 油站采用恒温控制技术。其原因为：①温度控制采用温控阀等新技术；②采用管式油冷却器；③严把质量控制关，筛选质量稳定的合格供应商。

(3) 油漆硬度高并且光亮度高，产品外部采用整体烤漆技术。

(4) 油漆内部防腐蚀并且不掉漆。其原因为：采用抛丸机整体抛丸 10 个立方以下。

(5) 保证主机油膜厚度。其原因为：油站采用温度控制新技术。

(6) 延长油品使用寿命：加热器采取隔离式加热，保证加热器不结碳。

8. 操作简单方便

产品操作简单方便的原因如下。

(1) 过滤器人性化设计，保证轻松切换。

(2) 人孔盖外观美观，操作容易。

(3) 产品部件互换性好。

第 11 章
销售资源包内容构建

* * * * * *

工欲善其事，必先利其器。

销售资源包的主要内容包括 7 个部分：常见销售问题、销售成功案例、产品销售指导书、商业模式设计、销售"一指禅"、产品交流 PPT、产品宣传视频。下面就从定义、作用、编制方法和范例等几个维度进行系统阐述，以帮助产品经理制定自己产品的销售资源包，为销售人员输送强"杀伤力"武器。

11.1　常见销售问题

11.1.1　常见销售问题的内容

销售资源包中的常见销售问题就是将销售人员在业务中经常遇到的销售问题进行汇总，并给出标准答案，从而帮助销售人员在回答客户的问题时，能够尽可能做到准确。

常见销售问题主要包括：商务问题、技术问题和产品问题，如图 11-1 所示。

商务问题主要是指客户所关心的与买卖商品服务相关的商业事务问题，如价格、付款方式、交货期等方面存在的问题。

技术问题主要是指如何利用科学原理生成可行的技术路线，最后实现产品功能的问题，如产品的功能、性能等方面存在的问题。

图 11-1　常见销售问题

产品问题主要是指产品的质量问题，如内在质量、外观质量、社会质量和经济质量等方面存在的问题。

1. 内在质量

产品的内在质量是指产品在生产过程中形成的商品本身固有的特性，包括产品实用性能、可靠性、寿命、安全与卫生等。它构成产品的实际物质效用，是最基本的质量要素。

2. 外观质量

产品的外观质量主要指产品的外表形态，包括外观构造、色彩、气味、手感和包装等，它已成为人们选择产品的重要依据。

3. 社会质量

产品的社会质量是指产品满足全社会利益需要的程度，如是否违反社会道德，对环境造成污染，浪费有限资源和能源等。一种产品不管其技术如何进步，只要有碍于社会利益，就难以生存和发展。

4. 经济质量

产品的经济质量是指人们按其真实需要，希望以尽可能低的价格获得性能优良的产品，并且在消费或使用中付出尽可能低的使用和维护成本，即产品物美价廉的程度。

常见销售问题的收集工作要由来自一线的销售人员完成。其必须是客户真正经常关心的问题。常见销售问题的标准化答案往往要经过讨论、完善后确定，要能够回答客户的兴趣点和关注点。

11.1.2　常见销售问题范例

下面还是以 CR 公司的稀油站设备为例，对常见销售问题及其标准化答案进行介绍。

1. 常见商务问题

(1) 付款方式是怎样的？

答：根据行业执行惯例采用 30% 预付款、60% 提货款、10% 质保金 (2 万元以下合同不留质保金) 的付款方式。

(2) 在相关行业的销售业绩如何？ CR 公司的产品的市场占有率是多少？

答：CR 公司是生产水泥行业润滑设备的龙头企业。国内水泥行业龙头企业海螺集团 60% 以上稀油站采用 CR 公司的产品，华新集团、冀东水泥等 70% 以上稀油站采用 CR 公司的产品。CR 公司长期与天津水泥设计院、合肥水泥设计院、南京水泥设计院和成都水泥设计院等合作，拥有国内水泥行业润滑设备 60% 以上的市场占有率，同时产品出口到欧洲、美洲等地。

(3) 产品的最低价格是多少？

答：因为 CR 公司的稀油站有很多的专利技术，产品稳定性和安全性高，价格我们不是最低的，但是性价比一定高。我们拥有优质的供应商及多种产品类型，有常规配置、增强配置、高档配置等供您选择。为了能更好地为您服务，我们会根据您的具体要求合理报价。

(4) 产品质量、品牌效应及市场地位怎么样？

答：CR 公司在这几年的发展过程中在行业内树立了较好的口碑，特别是在产品质量、售后服务、品牌效应等方面具有领先优势。

(5) 产品售后服务是否及时、高效？

答：CR 公司有一批业务素质高、技术过硬、经验丰富的专业售后服务人员。CR 公司在全国主要城市设有办事处，并且每个办事处配有售后服务人员。CR 公司承诺接到客户电话 2 个小时内予以答复，若需派人，则省内 12 小时内到达现场，省外 48 小时内到达现场。售后服务质量获得了海螺集团、华新集团、天津水泥设计院、合肥水泥设计院等的一致好评。

(6) 配货周期有多长？

答：常规配置 1 个月以内可以交货，增强配置 (含设计)3 个月以内可以交货，高档配置（含进口件）4 个月以内可以交货。

2. 常见技术问题

(1) 油箱怎么清洁？

答：打开排污口将油箱内的残油排出，打开人孔盖用毛巾粗清理内部残油、颗粒物；初步清理完成后，用干净毛巾擦拭油箱内壁，再用面团粘滚内壁，直到无污物为止。

(2) 过滤精度如何检测？

答：CR 公司现有德国进口颗粒度检测仪，确保油品的清洁度。过滤器的过滤精度是 CR 公司向专业厂家购买过滤器时定制的，质量有保证。

(3) CR 公司的冷却器的换热效果如何？

答：CR 公司的管式冷却器性价比高、技术先进，换热效果达到国家标准。

(4) 产品配件是否符合通用标准？

答：CR 公司的产品可以按用户的要求配置，满足用户的使用要求，零部件符合通用标准。

(5) 产品的稳定性如何？

答：CR 公司的产品保修期为一年，性能稳定。由于产品是系统集成的，零部件的质量关系到整机产品的质量，我公司选用的是国内优质供应商提供的元器件，经过我厂多年的实践考察，完全能保证整机易损件在保修期无故障连续工作。

(6) 产品的过滤器有哪些优点？

答：CR 公司采用的是双桶式过滤器，过滤能力强，滤芯抗爆破能力强。一般网片式滤芯由单层滤网组成，爆破压力为 3bar 左右，而双桶式过滤器滤芯由过滤层、支撑垫、支撑架组成，爆破压力 5bar 左右。网片式过滤器滤芯安装容易装偏从而造成漏滤，双桶式过滤器滤芯安装容易，不易装偏。

(7) 产品的配置、技术怎么样？

答：CR 公司的产品可以按用户的要求配置优质的国产或进口零部件，满足用户的使用要求。CR 公司采用先进的工艺技术，如数控火焰切割，切口美观、位置准确、互换性好；氩弧焊打底、气体保护焊焊接，焊接平滑、强度高、美观；抛丸除锈油漆的附着力好，质量好；集成化设计元件布局紧凑、美观、维修方便。

(8) 电器元件怎么样?

答:CR 公司的标准配置电器元件使用的是独资、合资优质品牌产品,也可按用户的要求定配各种国际品牌元件。

3. 常见产品问题

(1) 产品质量是否过硬?

答:公司执行最新标准,产品安全、稳定,可靠性强,自动化程度高,方便易用。

(2) 相对于同类产品有哪些优势?

答:①营销网络健全,分布广,服务及时性好;②产品的人性化设计走在行业的前列,质量有保障;③产品的稳定性好;④在水泥行业的销售业绩排名领先,市场占有率达到了 90% 以上;⑤补偿装置是专利产品。

11.2　销售成功案例

11.2.1　销售成功案例的意义

销售成功案例有利于销售人员共享经验,共同成长。销售人员以老带新,往往带不出"高徒",因为单个销售人员的成功不易复制。

企业需要孕育鼓励分享的土壤,让销售成功案例与成长、领导力、责任心等直接关联起来,甚至直接和绩效挂钩。

有负责信息收集的同事,善意地形容老同事为"吞金兽",要使劲晃一晃,才能把宝贵的知识和经验分享给大家。

销售成功案例聚焦于案例的价值和可复制性。要定期挑选最典型的、最具有价值的客户案例,深入剖析产品销售的全过程及实际为客户带来的价值。

销售成功案例就是将优秀销售人员的成功经验进行归纳、总结,提供给其他销售人员学习,缩短其进步、出成绩的时间。

总结销售成功案例目的是提高对竞争对手的关注,并提升销售的成功率,可从以下 7 个方面进行了汇总:

(1) 背景；

(2) 客户需求；

(3) 我司方案；

(4) 竞争对手方案；

(5) 我司击败对手原因总结；

(6) 客户决策过程分析；

(7) 经验交流。

要求销售人员按照模板，从以上 7 个方面思考，找出销售成功的关键。此外，不仅要总结成功的方面，也要思考还有哪些方面可以改进。

11.2.2　销售成功案例范例

下面还是以 CR 公司的畅销产品 XGD-C160/500 稀油站设备为例进行介绍。

1. 背景

项目名称：CFYH 水泥有限公司立磨系统招标。

项目规格：立磨系统一套，电机功率 1800kW；立磨油站 XGD-C160/500 一台。

2. 客户需求

客户提出两种方案：其一，减速机和油站全部捆绑，统一包给竞争对手 A 来做；其二，分别与竞争对手 A、减速机厂家、稀油站厂家签订合同。客户要求质量、价格等方面最优。

3. CR公司方案

销售人员极力建议客户分开订货。分开订货的好处：其一，技术服务、售后服务及以后购买备品备件等更加及时方便；其二，和厂家直接签订合同，可以享受优惠价格。

4. 竞争对手方案

竞争对手 A 是我们此项目的最大对手，他们做的业绩不好，但价格便宜，他们报的最低价比 CR 公司低 20% 左右。他们就是计划以低价取胜，并承诺还可以再优惠一些。

5. CR公司击败对手原因总结

(1) 信息来源及时，得知了信息就及时约见了客户，抓住了最佳时机。

(2) 大型立式旋转设备是 CR 公司的专利产品，CR 公司的产品质量好、业绩好、服务好，名牌和非名牌不一样，CR 公司选用的所有元器件都是好的产品，好产品当然价格要略高一些。

(3) 与客户面谈，客户很满意。因为客户以前选用的一套进口立磨油站，至今仍在使用，购买时他们花费了 50 多万美元，没出过问题。所以他们这次也希望选用性能可靠、质量上乘的产品，而在这方面 CR 公司底气十足。

(4) CR 公司中原分公司的领导及集团公司领导及时拜访客户高层管理者，提供了及时的、直接的帮助。

6. 客户决策过程分析

先是未定方案，在客户定下分开订货的方案后，评比厂家 (选用质量好的产品，但是得把价格压到最低)，在多次宣传品牌和产品质量的优势后，CR 公司在高出竞争对手 A 价格 10% 的基础上与客户成交。

7. 经验交流

(1) 公司领导要给予大力支持，信息要及时。

(2) 分析客户心理，有针对性地谈判，一定得找对人，及时做工作。

(3) 对产品要信心十足。

(4) 和配套厂家要处理好关系。

11.3　产品销售指导书

产品销售指导书是针对某一产品 (例如稀油站 XGD-C160/500)，指导销售人员进行销售的指导性文件，是销售资源包的核心内容。

产品销售指导书框架如图 11-2 所示。

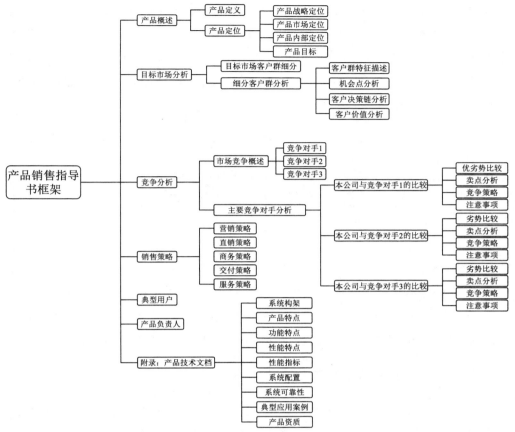

图 11-2 产品销售指导书框架

编制销售指导书时需要注意以下几个方面。

(1) 明确产品的定位，特别是战略定位。

(2) 提炼产品的卖点时，不宜提炼太多，主要提炼独特卖点。

范例：详见附录。

11.4 产品商业模式设计

11.4.1 产品商业模式设计范例

有一个行为心理学的现象叫作"诱饵效应"，意思是当人们对两个不相上下的选项进行选择时，第三个新选项(诱饵)的加入，会使某个原选项显得更有吸引力。

如图 11-3 所示，如果只有两种爆米花，一种 7 元，一种 15 元，由于价格和数量成正比，会有很多人选择价格更低的 7 元爆米花。

而一旦加入了一个明显不划算的 13 元选项后，就会有更多的人选择 15 元的爆米花。

诱饵效应：诱导消费者购买更贵商品

图 11-3　商业模式范例

13 元的爆米花几乎没有人选择，它的存在就是为了提高 15 元爆米花的销量。

总结，爆米花是一样的，根据量不同设计 7 元、13 元和 15 元三种规格配置的单品，而主推 15 元的规格配置，这就是产品商业模式设计。

11.4.2　产品商业模式设计的内容

产品商业模式设计就是把产品进行配置分类并设定常规配置、增强配置和高档配置，从而根据细分市场，引导客户选择公司主推产品配置(增强配置)，从而实现产品的市场成功和财务成功。

一般产品有三种配置：常规配置、增强配置和高档配置。每种配置产品的战略定位不同，给公司带来的利润也不同。

产品商业模式设计的内容一般包括：产品细分、产品配置、目标客户群、产品属性定位、产品战略角色、价格规划和营销策略 7 个部分，产品商业模式设计内容见表 11-1。

表 11-1　产品商业模式设计内容

产品名称	产品细分	产品配置	目标客户群	产品属性定位	产品战略角色	价格规划		营销策略
						销售价格	利润率	
	常规配置							
	增强配置							
	高档配置							

产品配置是按照产品细分的类型，采用不同的产品组件进行组合，以满足不同目标客户群需求。目标客户群是指该单品的主要消费者；产品属性定位从产品的功效、质量、服务等方面进行考虑，塑造产品的鲜明个性或特色；价格规划可以参考产品细分定位和定价理论进行设计。产品商业模式设计可根据自己产品的特点适当进行优化调整。

产品商业模式设计一般注意以下几个方面。

(1) 每种单品，即产品配置的内容和范围要界定清晰，并明确主推哪个配置。

(2) 产品商业模式设计属于商业秘密。

11.5 产品销售"一指禅"

11.5.1 产品销售"一指禅"的内容

产品销售"一指禅"就是把产品的核心卖点信息归纳整理在一页纸内，以便快速吸引客户。

如何才能让客户一下子就看到产品的价值，愿意购买？

产品销售"一指禅"就是让客户一眼扫过去，能够抓住所有的产品卖点。

产品销售"一指禅"中，可以不介绍产品技术，把消费场景和解决的问题简明扼要说清即可。

产品越多，产品矩阵越复杂，就越需要产品销售"一指禅"。在大企业中，销售资源普遍为所有销售人员共享，产品销售"一指禅"也是争取销售机会的必备内部材料。虽然只有一页纸，但需要反复精心打磨，因为里面包含客户关注的核心问题。

要根据不同的客户关注点设计不同的产品"一纸禅"，把产品的优点、对客户的价值、与竞争产品相比的优势用一页纸的篇幅清晰地描述出来，每一项不要超过 3 点，让客户看一眼就留下深刻印象。

注意事项如下。

(1) 语言一定要简练、流畅。

(2) 产品优点、给客户带来的价值等内容不要过多，2 ～ 3 条即可。

(3) 一定要突出这个产品独特的优势、卖点。

11.5.2 产品销售"一指禅"范例

高低压稀油站 XGD-C160/500 是 CR 液压润滑有限公司专为水泥立磨提供润滑解决方案而研发的产品。

高低压稀油站 XGD-C160/500 拥有国内水泥行业润滑设备 90% 以上的市场占有率，同时产品出口到欧洲、美洲、南非、东南亚等地。

1. 产品的突出优点

产品的突出优点如下。

(1) 高低压稀油站 XGD-C160/500 拥有 3 项专利技术 (恒流恒压控制、阀块技术和外观设计)。

(2) 温度控制新技术保证高低压稀油站的自动恒温；恒流恒压控制新技术保证了油膜厚度，从而延长主机的使用寿命。

(3) 阀块专利技术采用先进的阀门集成工艺，保证了油站高压部分流量不受温度影响，保持恒流，提高主机的稳定性、安全性。

2. 对客户的独特价值

对客户的独特价值如下。

(1) CR 公司是生产水泥行业润滑设备的龙头企业。

(2) CR 公司是专业化的液压润滑设备生产厂家，严格按照 ISO9001 质量管理体系的要求打造精品，保证了稀油站的高安全性和稳定性。

(3) 稀油站 XGD-C160/500 投诉率为零。

3. 成功案例

CR 公司设计制造的立磨用高低压稀油站 XGD-C160/500，早在 2008 年就已出口到菲律宾。

已经为 600 多家客户提供了高低压稀油站 XGD-C160/500 产品，并得到了客户的一致好评。

长期与国内海螺、华新、冀东等大型水泥集团合作。

11.6　产品交流 PPT

PPT 是一种演示文稿软件，它以文字、图形及动画的方式，将需要表达的内容直观、形象地展示给观众，让观众印象深刻。

11.6.1　产品交流 PPT 的内容

产品销售资源包的 PPT 内容一般包括：公司简介、产品和业务介绍、客户案例、商务技术等。

销售资源包中的 PPT 资源一般有对内和对外两个版本。对外的方便转发，内容精简，大概十几页，内容更新较慢；对内的内容翔实，视角多元，重点多变，可能长达五十页，内容更新较快。

对客户讲解产品时，会根据需要从对内版本的 PPT 中挑选几页补充到对外版本中。根据客户的需求和反馈，每次讲的顺序、重点都可能不同。只针对客户当时想了解的内容进行讲解，这种方式比较灵活。

PPT 是帮助销售人员提高业绩的工具。听一遍有经验的销售人员完整讲解PPT 是新手学习的一种好方式。

企业经常会出现以下这些情况，一些销售人员不知道怎么更深入地讲，知道怎么讲的人没有分享的习惯，同时组织没有分享的机制或文化。所以，可以定期让业绩好的销售人员分享自己的经验，要求新手在其他销售人员面前讲解，这也是对新手的一种培训。这样形成一种机制，对销售业绩的提高有很大的帮助。

一个 PPT，销售人员花 20 ～ 30 分钟模拟对客户讲解，然后录下来完整视频，之后让自己看看演讲效果，并体会、修正和完善。PPT 是最核心、最关键的销售赋能材料之一。通过 PPT 系统介绍产品优劣势和卖点，可有效降低客户对产品价格的敏感性。

注意事项如下。

(1) 首先找出客户的兴趣点和关注点。

(2) PPT 一开始就要抓住客户的注意力。

(3) 内容涉及怎样降低客户对价格的敏感性。

(4) 针对不同客户的具体情况，适当修改适合具体客户的 PPT。

(5) 售前 PPT 的设计要求一开始就能抓住客户的兴趣点，面对不同的交流对象要根据其兴趣点和关注点进行有针对性的设计。

(6) 销售资源包提供的售前 PPT 是基础版，销售人员在与不同的客户进行交流时，要在基础版的基础上根据客户的特点设计特定的交流 PPT，但总体设计理念不变。

11.6.2　单一产品售前PPT的内容

单一产品的售前 PPT 一般包括以下几个部分。

(1) 客户面临的问题或潜在威胁。

(2) 这些问题或潜在威胁可能给客户造成的损失。

(3) 公司在该领域的地位 (公司的优势、取得的成果、资质、成功案例等)。

(4) 公司研发的重点。

(5) 整体解决方案。

(6) 产品介绍 (重点突出卖点)。

(7) 客户价值分析。

11.7　产品宣传视频

随着视频行业的发展，网络购物的普及，对于很多厂家来说，单一的产品图文介绍已经满足不了现阶段客户的需求。现在是一个信息碎片化的时代，信息传输速度的提升，要求企业在更短时间内将自己的产品优势和卖点形象化地展现到客户眼前。通过视频介绍产品，能让产品使用场景更加真实、立体感更强、更能提高用户信任度，让消费者产生一种所见即所得的感觉。因此产品视频拍摄和宣传非常重要了。

11.7.1　制作高质量产品视频的条件

视频作为一种产品展示载体，其直观的呈现方式迅速得到了平台和商家的认可。为了让潜在客户全面了解产品功能和卖点，制作产品视频时要从用户的角度出发。要明确制作产品视频的目的是什么，是推介新产品，讲解产品使用说明，还是做产品促销宣传。只有明确了目的，才能让产品视频更有针对性。

制作高质量的产品视频需要满足以下几个条件。

(1) 产品视频的制作必须从用户的角度出发。通俗来说就是要根据目标受众的不同，分析受众年龄、爱好等，提前做好市场分析，了解客户诉求，这样才能让视频更有针对性。

(2) 制作的产品视频应该具有消费引导性，能吸引客户，并能成功实现有效转化。

(3) 科学设计产品视频的结构，重点突出产品精神和灵魂、产品基因等高价值的产品信息。

(4) 明确产品视频要突出的重点。

(5) 控制好时长，一般控制在 90 秒内。前 15 秒非常关键，要做到足够吸引人，才能引导客户看后面的内容，让客户更好地了解产品。

11.7.2　制作产品视频的思路

在制作产品视频时，更要注重产品的功能宣传性，多观察顾客需求，制作满足其需求的产品视频。那么，产品介绍视频应该如何制作呢？现介绍几种制作产品视频的思路。

1. 结合使用场景

结合使用场景制作的产品视频可以让用户印象深刻。比如介绍食物道具，如果仅仅单独描述道具颜色、制作材料等，就显得太生硬了，很难增加客户购买欲望，但是结合使用场景，通过对食物道具使用过程中的关键环节进行特写展示有利于加深客户印象，从而促进其购买。

2. 挖掘产品亮点，围绕产品核心功能

在制作产品视频时，要从产品亮点出发，给消费者一个选择产品的理由，打动客户。有些产品功能比较多，在制作视频时候，只需要抓住少量的亮点和功能做一个功能聚焦，围绕产品的核心功能进行介绍，然后推荐给有需求的客户，这样的视频更具有针对性。

3. 模特展示产品

对于有些美感要求比较高的产品，比如服装产品、美妆产品，制作这些产品

的视频时，可通过模特展示的方式来介绍产品，这样的视频更具有真实性。

　　由于视频制作的主要目的是"介绍"产品，因此产品性能的表现是内容策划的核心，帮助消费者以更直接、更恰当的方式进行理解。当然，要实现好的宣传效果，视频制作人员需要对产品有透彻的了解，所以在制作视频之前需要与客户进行深入沟通，了解产品的核心功能和特色。

参 考 文 献

[1] 张甲华. 产品战略规划 [M]. 北京：清华大学出版社，2014.

[2] 张甲华. 定位—产品—体验：基于新商业逻辑打造有生命力的产品 [M].
北京：清华大学出版社，2022.

附录：产品销售指导书范例

XGD-C160/500 稀油站销售指导书

(V2.0)

文档编号：		文档名称：	
编写：		审核：	
批准：		批准日期：	

密级：

山东××××设备有限公司

第1章 产品概述

1.1 产品定义

高低压稀油站 XGD-C160/500 是为水泥行业立磨提供专业润滑系统解决方案的润滑装置，本润滑装置由油站本体、补偿装置、电控柜、仪表等组成。

作用：作为主机的心脏供送血液，延长主机寿命，保证设备安全有效运行。

客户：主机厂、水泥厂和设计院。

1.2 产品定位

1. 产品战略定位

高低压稀油站 XGD-C160/500 是 CR 公司的专利产品，是进口产品的替代品，是专攻 2500T/D-5000T/D 的水泥厂生产线的中高端市场的产品，所以，2017—2018 年本产品在公司整体战略中的定位是追求利润。

2. 产品市场定位

高低压稀油站 XGD-C160/500 的市场主要定位于 2500T/D-5000T/D 的水泥生产线的立磨系统。

而对于超过 5000T/D 的水泥生产线的立磨系统，则采用高低压稀油站 XGD-C200/1000。

3. 产品内部定位

高低压稀油站 XGD-C160/500 与 XRZ、XGD-A、XGD-B 等系列产品具有互补性，共同服务于 2500T/D-5000T/D 水泥生产线，经常与 XRZ、XGD-A、XGD-B 等系列产品捆绑销售。

公司内部产品的定位：公司主推产品。

产品线内的定位：主导产品。

本产品与公司其他产品无任何替代关系。

4. 产品目标

2017—2020 年的市场占有率保持在 90% 以上。

2017 年的销售目标达到 200 台。

2018 年的销售目标达到 210 台。

2019 年的销售目标达到 220 台。

2020 年的销售目标达到 250 台。

第2章　目标市场分析

2.1　目标市场客户群细分

本设备主要适用于大型旋转设备的稀油润滑系统。

目标市场：主要是水泥行业。

客户群细分：主机厂、水泥厂和设计院。

2.2　细分客户群分析

1. 客户群特征描述

水泥行业客户群的典型特征：高低压稀油站是主机的辅机，一般要面临满足业主和主机厂、设计院三方客户的需求。

1) 主机厂关注的因素

主机厂关注的因素主要是产品质量、产品品牌、产品在行业内的业绩、产品价格及售后服务等。

2) 业主最关注的因素

业主最关注的因素主要有产品的价格、产品的品牌、售后服务、产品在行业内的业绩、产品的性能、产品的稳定性和安全性。

3) 设计院最关心的因素

设计院最关心的因素主要是产品在行业内的业绩、产品的品牌、产品的性能、产品的稳定性和安全性。

2. 机会点分析

国家政策变化的机会点：2019 年 11 月份颁布了 2 500 吨以下的水泥生产线停止审批的相关文件。这样对于适合较大生产线的高低压稀油站 XGD-C160/500 来说是个比较好的市场机会。

3. 客户决策链分析

1) 购买过程

A 信息收集—B 筛选（咨询或招标）—C 选择—D 决策—E 使用。

A ～ C 过程的主导者 80% 为技术从业人员，20% 为非专业决策人员。

D 过程中技术人士的意见占到 80%。

E 过程的维护者 100% 为专业人员，其中 64% 的决策意见源于技术人员，

36% 源于非专业决策人员。技术人员是产品的意见领袖。

2) 决策链

针对建材行业而言，一般由全国几大设计院（天津、南京、成都、合肥）对项目提出设计方案、详细设备清单、主要技术参数，然后由业主的技术部、工程部、采购部等组织主机设备厂采购，而稀油站的采购一般有三种模式：一种是随主机厂配套；第二种是随主机厂，业主指定；第三种是业主单独采购。所以，在以上三种模式中均应该注意与设计院主设人员，业主单位技术部、工程部、采购部、项目负责人，主机厂销售人员、技术人员和售后服务人员的沟通，使他们认可、推荐、指定 CR 的产品。对于不同性质的企业，客户决策链不同。

(1) 国有大型企业、现代企业：成为其合格的供方→技术部对产品质量的认可→组织有关部门（技术部门、销售部门、供应部门、售后服务部门）认定→招投标（质量、价格和服务）。

(2) 一般的民营企业：技术部对产品质量的认可→老板认可→办理（重点是价格、质量）。

4. 产品的客户价值分析

运用 FFAB 工具分析本产品为各类客户带来的价值和解决的问题。

1) 设备故障率小

设备故障率小的原因如下。

(1) 产品防尘、防水。

(2) 换热效率高，冷却效果好；温度控制采用温控阀等新技术。

(3) 采用恒流控制技术，具有外观专利（多泵多腔、单泵多腔）。

(4) 严把质量控制关，筛选具有稳定质量的合格供应商。

2) CR 产品运行安全可靠

CR 产品运行安全可靠的原因如下。

(1) 采取氩弧焊焊接技术及高颈法兰技术，产品保证不漏水、不漏油，密封性强。

(2) 焊接采取单面焊接双面成型：①采用金属盘式切割机；②用金属带锯。

(3) 管路全部采用球阀控制。

3) CR 产品设计美观、大方，便于清洁

CR 产品设计美观、大方，便于清洁的原因如下。

(1) 管路切口表面光滑：①采用金属盘式切割机；②采用金属带锯；③采取

氩弧焊焊接技术及高颈法兰技术。

(2) 油漆硬度高并且光亮：①产品采用整体烤漆技术；②油漆有层次感。

(3) 油箱设计佳：①采取三维立体软件设计；②油箱集油槽设计合理。

4) 产品便于维修

产品便于维修的原因如下。

(1) 操作方便：①过滤器人性化设计，保证轻松切换；②人孔盖外观美观，操作容易。

(2) 部件互换性好。

5) 能保证主机设备寿命

能保证主机设备寿命的原因如下。

(1) 产品采用恒流、恒压技术。

(2) 温度控制采用温控阀等新技术，换热效率高，冷却效果好。

(3) 采用恒流控制技术，具有外观专利 (多泵多腔、单泵多腔)。

(4) 严把质量控制关，筛选具有稳定质量的合格供应商。

(5) 延长油品使用寿命：①加热器采取隔离式加热，保证加热器不结碳；②箱体表面、冷却器不渗水。

6) 能减少系统污染并减少换油次数

能减少系统污染并减少换油次数的原因如下。

(1) 油箱内部防腐蚀且不掉漆：①采用抛丸机整体抛丸 10 个立方以下；②油站外部使用整体烤漆技术。

(2) 保证主机油膜厚度：①采用温度控制新技术；②严把质量控制关，筛选具有稳定质量的合格供应商。

(3) 延长油品使用寿命：加热器采取隔离式加热，保证加热器不结碳。

7) 产品运行成本低、使用时间长

产品运行成本低、使用时间长的原因如下。

(1) 产品管道全部采用球阀控制，产品保证不漏水、不漏油。

(2) 油站采用恒温控制技术，冷却效果好：①温度控制采用温控阀等新技术；②采用管式油冷却器；③严把质量控制关，筛选具有稳定质量的合格供应商。

(3) 油漆硬度高并且光亮度高，产品外部采用整体烤漆技术。

(4) 油漆内部防腐蚀并且不掉漆，采用抛丸机整体抛丸 10 个立方以下。

(5) 保证主机油膜厚度，采用自动恒温技术。

(6) 延长油品使用寿命：加热器采取隔离式加热，保证加热器不结碳。

8) 产品操作简单方便

产品操作简单方便的原因如下。

(1) 过滤器人性化设计，保证轻松切换。

(2) 人孔盖外观美观，操作容易。

(3) 产品部件互换性好。

第3章 竞争分析

3.1 市场竞争概述

对高低压稀油站 XGD-C160/500 而言，竞争对手主要有南通 NF、常州 HL 和中西 RH 三家。

1. 南通 NF 公司

南通 NF 公司在水泥行业是 CR 的最大竞争对手，公司现有职工 250 多人，2016 年的销售额近 9 000 万元。

其产品也是集中在水泥行业，部分产品销往冶金行业、电力行业。

2. 常州 HL 公司

常州 HL 公司主要的客户群集中在冶金行业，在冶金行业的业绩高于 CR 公司，现有职工 250 多人，2016 年的销售额大约在 1.5 亿元。

稀油站产品主要集中在冶金行业，还有压力容器等产品线。

3. 中西 RH 公司

中西 RH 公司产品主要集中在电力、冶金和水泥行业，现有职工约 200 人，2016 年的销售额大约为 8 000 万元。

3.2 与主要竞争对手对比分析

3.2.1 CR和常州HL的比较

1. 优劣势比较

1) CR 产品的相对优势

CR 产品的相对优势如下。

(1) 包装 / 产品外观：内在质量有保障，注重人性化设计。

(2) 功能 / 性能：稳定性好。

(3) 保证：营销渠道 / 营销网络健全，分布广，售后服务及时、专业。

(4) 社会接受程度：有专利产品，业绩好，市场占有率达到 90%。

2) CR 产品的相对劣势

CR 产品的相对劣势如下。

(1) 信息流相对滞后。

(2) 采购成本略高。

2. 卖点分析

卖点分析如下。

(1) 营销网络健全，分布广，服务及时性好，更加专业。

(2) 产品的人性化设计在行业前列。

(3) 产品的安全性、稳定性好。

(4) 在水泥行业的销售业绩领先，市场占有率达到了 90% 以上，有专利产品。

3. 竞争策略

1) 价格方面

(1) 强调公司在水泥行业的业绩和品牌知名度，降低客户对价格的敏感性。

(2) 可采取运费和购买价分开报价的策略，特别是对于那些路程较远的客户，可采用差异化报价方式。

2) 销售网络

在竞争中充分发挥自己营销网络健全的优势，获取客户的真实需求，对客户强调公司营销网络、服务网络健全，可为以后的及时服务提供保障。

3) 产品性能

(1) 强调人性化设计理念。

(2) 强调产品稳定性好。

4) 品牌方面

强调更熟悉水泥行业对产品的需求，重点宣传公司在水泥行业的销售业绩好，行业市场占有率高。

5) 售后服务

强调服务网络健全、服务理念及及时性好，CR 集团有一批业务素质高、技术过硬的专业售后服务人员，拥有丰富的调试经验。

4. 必须注意的问题

(1) 在和客户的交流沟通中，不要只谈价格，还要谈性价比，不要把公司的产品等同于一般公司的产品，公司不和竞争对手拼价格，而是注重产品质量和产品的稳定性。

(2) 强调公司的品牌、业绩和产品的稳定性，宣传本公司的产品定位是中高档产品，立志进入国际市场，成为国际知名品牌。

3.2.2 CR和南通NF的比较

1. 优劣势比较

1) CR 产品的相对优势

CR 产品的相对优势如下。

(1) 包装：外观 (油漆、焊缝、光洁度) 好，内在质量有保障。

(2) 功能 / 性能：稳定性好。

(3) 保证：营销渠道 / 营销网络健全，分布广，售后服务及时、专业。

(4) 社会接受程度：业绩好，市场占有率高。

2) CR 产品的相对劣势

CR 产品的相对劣势如下。

(1) 价格：产品价格较高，付款方式不灵活。

(2) 易用性：设备资料的完整性较差。

2. 卖点分析

卖点分析如下。

(1) 营销网络健全，分布广，服务及时性好，更专业。

(2) 产品的外观好，内在质量有保障。

(3) 产品的稳定性好。

(4) 在水泥行业的销售业绩第一，市场占有率达到 90% 以上。

(5) 有专利产品 (补偿装置)。

3. 竞争策略

1) 价格方面

(1) 强调公司在水泥行业的业绩和品牌知名度，降低客户对价格的敏感性。

(2) 对于战略客户可适当降价，但是不要一味拼价格。

(3) 可采取运费和购买价分开报价的策略，特别是对于那些路程较远的客户，可采用差异化报价方式。

2) 营销网络

在竞争中充分发挥公司营销网络健全的优势，获取客户的真实需求；对客户强调公司营销网络、服务网络健全，可以为以后的及时服务提供保障。

3) 产品性能

(1) 强调公司注重产品质量，有把产品做成精品的理念。

(2) 强调公司的产品稳定性好。

4) 品牌方面

(1) 强调公司更熟悉水泥行业对产品的需求。

(2) 对于完备的设备资料给予承诺。

(3) 重点宣传公司在水泥行业的销售业绩好，行业市场占有率高。

(4) 资质好，行业内的信誉好。

(5) 品牌知名度高。

5) 售后服务

强调公司的服务网络健全、服务理念先进、服务及时性好，并举例说明。

4. 必须注意的问题

(1) 在和客户的交流沟通中，不要只谈价格，还要谈性价比，不要把公司的产品等同于一般公司的产品，公司不和竞争对手拼价格，而是注重产品质量。

(2) 强调公司的品牌、业绩和产品的稳定性；宣传公司的产品定位是中高档产品，立志进入国际市场，成为国际知名品牌。

3.2.3 CR和中西RH的比较

1. CR 产品的相对优势和相对劣势

1) CR 产品的相对优势

CR 产品的相对优势如下。

(1) 包装 / 产品外观：外观 (油漆、焊缝、光洁度) 好；人性化设计。

(2) 功能 / 性能：稳定性好。

(3) 保证：营销渠道 / 营销网络健全，分布广，售后服务及时。

(4) 社会接受程度：业绩好，市场占有率高。

2) CR 产品的相对劣势

CR 产品的相对劣势如下。

(1) 价格：购买价格相对较高，付款方式不灵活。

(2) 生命周期成本：易损件更换费用比较高。

2. 卖点分析

卖点分析如下。

(1) 营销网络健全，分布广，服务及时。

(2) 产品的外观好，质量有保障。

(3) 产品的人性化设计在行业前列，并且产品的稳定性好。

(4) 在水泥行业的销售业绩在行业中排第一，市场占有率达到了 90% 以上。

(5) 有专利产品（补偿装置）。

3. 竞争策略

1) 价格方面

(1) 强调公司在水泥行业中的业绩和品牌知名度，降低客户对价格的关注。

(2) 对于战略客户可适当降价。

(3) 可采取运费和购买价分开报价的策略，特别是对于那些路程较远的客户，最好是采用差异化报价方式。

(4) 强调公司售后服务、培训的优势。

2) 营销网络

在竞争中充分发挥公司营销网络健全的优势，获取客户的真实需求；对客户强调公司营销网络、服务网络健全，可以为以后的及时服务提供保障。

3) 产品性能

(1) 强调公司注重产品质量。

(2) 强调公司的人性化设计理念。

(3) 强调公司的产品稳定性好。

4) 产品业绩

强调公司产品在行业内的业绩，也更熟悉水泥行业对产品的需求。对于完备的设备资料给予承诺。

5) 售后服务

强调公司的服务网络健全、服务理念及及时性好，并举例说明。

6) 公司品牌

(1) 重点宣传公司在水泥行业的销售业绩好，行业市场占有率高。

(2) 资质好，行业内的信誉好。

(3) 品牌知名度高。

4. 必须注意的问题

必须注意的问题如下。

(1) 在和客户的交流沟通中，不要只谈价格，而是要强调产品的性价比；不要把公司的产品等同于国内一般公司的产品，强调公司不和竞争对手拼价格，而是注重产品质量。

(2) 强调公司的品牌、业绩和产品的稳定性；宣传公司的产品是中高档产品，立志进入国际市场，成为国际知名品牌。

第4章　销售策略

4.1　营销策略

1. 客户引导策略

CR 公司针对产品高低压稀油站 XGD-C160/500 推出三款配置：常规配置、增强配置和高档配置，引导客户进行选择，而不是完全按照客户的要求进行产品营销。

在销售过程中，我们的销售人员主推增强配置，并引导客户选择增强配置的高低压稀油站 XGD-C160/500。

2. 立体营销

针对主机厂的技术部、销售部和供应部进行立体营销，就是首先联系到主机厂的销售人员，招标时推荐 CR 的产品，然后通过销售部联系到技术部人员，建议其在设计时考虑 CR 的产品，并且与供应部搞好关系。

3. 团队协作策略

对于主机厂、业主、设计院不在同一地方的项目，CR 公司利用销售网络健全的优势，组成项目攻关团队小组，分别对所在地的主机厂、业主和设计院进行联系、攻关，并且统一口径对外宣传、报价。

4.2 直销策略

高低压稀油站的销售渠道特点如下。

(1) 业主单独采购的：大约占到 10% 左右。

(2) 主机厂单独采购的：大约占到 70%。

(3) 主机厂和业主、设计院共同参与采购的：大约占到 20%。

(4) 设计院主要是获取项目信息，推荐设备，制定技术协议等。

根据高低压稀油站销售渠道的特点，CR 公司销售高低压稀油站 XGD-C160/500，主要是通过直销的方式，并且主要直销策略是重点抓住主机厂，兼顾业主单独采购。

4.3 商务策略

(1) 对运费比较高的项目，可采取产品价格和运费承担比例分开的价格策略。

(2) 产品组合上，制定阻击竞争对手产品报低价和规模产品或专利产品报高价的策略，例如，采用低压稀油站报低价，而高低压稀油站 XGD-C160/500 报高价的策略。

(3) 将客户分为战略客户、价值客户、利润客户和非利润客户等几类，对战略客户和价值客户，进行不同级别的领导跟踪和定期拜访，并采取不同的报价方式和报价策略。

4.4 交付策略

根据行业执行惯例采用 30% 预付款、60% 提货款、10% 质保金的方式。5万以下合同不留质保金。对于老客户或者大订单，付款条件可以按照：20% 预付款、60% 提货款、10% 安装调试费、10% 质保金的方式(公司认可前提下可采用)。

(1) 常规配置：最快 1 个半月以内可以交货。

(2) 增强配置：3 个月以内可以交货。

(3) 高档配置：4 个月以内可以交货。

4.5 服务策略

针对战略客户或大客户，在调试时，免费赠送一些易损件，比如：滤芯、垫圈等。

在产品的交付价格中，包含一年的质保服务。公司承诺接到客户电话 2 个小时内予以回答，若需派人到现场则省内 12 小时内到达现场，省外 24 小时内到达现场。所有的售后服务人员到达用户现场都必须携带一张用户意见评定表，需用户填好评定意见后方能离开。

第5章　产品技术文档

5.1 系统架构

5.2 产品特点

5.3 功能特点

5.4 性能特点

5.5 性能指标

5.6 系统配置

5.7 系统可靠性

5.8 典型应用案例

5.9 产品资质